"十四五"职业教育国家规划教材

财务会计习题与案例

（第七版）

CAIWU KUAIJI XITI YU ANLI

新准则 新税率

主　编　谢国珍　李传双

新形态
教材

本书另配：参考答案

中国教育出版传媒集团
高等教育出版社·北京

内容提要

本书是"十四五"职业教育国家规划教材。

本书是谢国珍、李传双主编的《财务会计》(第七版)的配套用书。为了贯彻"做中学、做中教"的理念,突出巩固练习和拓展训练的效果,本书设有五种类型的习题:单项选择题、多项选择题、判断题、业务处理题和案例分析题。为了方便教学,本书另配有参考答案。

本书适合作为高等职业院校财务会计类专业的学生用书,也可作为初级会计专业人员、在职员工的短期培训教材或自学用书。

图书在版编目(CIP)数据

财务会计习题与案例 / 谢国珍,李传双主编. —7版. —北京:高等教育出版社,2023.8(2025.7重印)
ISBN 978 - 7 - 04 - 060904 - 2

Ⅰ. ①财… Ⅱ. ①谢… ②李… Ⅲ. ①财务会计—高等职业教育—教学参考资料 Ⅳ. ①F234.4

中国国家版本馆 CIP 数据核字(2023)第 135730 号

策划编辑 毕颖娟 **责任编辑** 张文博 蒋 芬 **封面设计** 张文豪 **责任印制** 高忠富

出版发行	高等教育出版社	网 址	http://www.hep.edu.cn	
社 址	北京市西城区德外大街 4 号		http://www.hep.com.cn	
邮政编码	100120	网上订购	http://www.hepmall.com.cn	
印 刷	上海叶大印务发展有限公司		http://www.hepmall.com	
开 本	787mm×1092mm 1/16		http://www.hepmall.cn	
印 张	7.75	版 次	2002 年 9 月第 1 版	
字 数	181 千字		2023 年 8 月第 7 版	
购书热线	010-58581118	印 次	2025 年 7 月第 4 次印刷	
咨询电话	400-810-0598	定 价	20.00 元	

本书如有缺页、倒页、脱页等质量问题,请到所购图书销售部门联系调换

第七版前言
FOREWORD

本书是"十四五"职业教育国家规划教材。

"财务会计"是会计专业的核心课程,对学生岗位职业技能的形成起着决定性的作用。本课程的学习有一定的难度,需要通过大量的练习,才能加深对知识的理解和对会计核算技术的掌握与运用。因此,为利教便学,我们将本书与主教材《财务会计》(第七版)同步进行了修订。

本书自 2002 年 9 月第一版问世后,先后多次再版,全国已有许多高等职业院校采用本书作为《财务会计》的配套用书,得到广大院校的充分肯定和一致好评,我们深表谢意。自财政部新的《企业会计准则》颁布实施以来,实务中不断出现新情况、新问题,我国会计和税收规范在不断成熟和完善。为此,我们在第六版的基础上依据财政部 2017 年印发的《企业会计准则第22 号——金融工具的确认和计量》《企业会计准则第 14 号——收入》以及《关于修订印发 2019 年度一般企业财务报表格式的通知》等最新的会计、税收规范对本书的具体内容作了大量的修正和重撰,力求与企业的实际经济活动和会计、税收改革要求相适应。

本书以企业财务会计教学基本要求为依据,与主教材在体系、结构上保持一致,供各校在教学工作中视具体情况而灵活使用。本书包括单项选择题、多项选择题、判断题、业务处理题和案例分析题等题型,另配参考答案和解析,可满足教师对学生进行教学内容多角度、多形式训练的需要。

本书由谢国珍、李传双任主编,具体分工如下:谢国珍编写项目一、项目二、项目四、项目十三,李传双编写项目五、项目七、项目八、项目十四,刘秀琴编写项目三、项目六、项目十、项目十二,陈晓红编写项目九、项目十一。

由于编者水平有限,书中疏漏之处在所难免,欢迎读者批评指正。

编　者
2023 年 8 月

目 录
CONTENTS

一、单项选择题

1. 下列关于会计基本职能的说法中,正确的是(　　)。

A. 会计核算职能是对特定主体经济活动和相关会计核算的真实性、合法性和合理性进行审查

B. 财物的收发、增减和使用属于会计核算职能

C. 根据财务报告等提供的信息,定量或者定性地判断和推测经济活动的发展变化规律属于会计基本职能

D. 会计基本职能包括对经营业绩的评价

2. 从会计信息成本效益看,对所有会计事项应采取分轻重主次和繁简详略进行会计核算,而不应采用完全相同的会计程序和处理方法。其体现的会计信息质量要求是(　　)。

A. 谨慎性　　　　　B. 可比性　　　　　C. 相关性　　　　　D. 重要性

3. 下列各项中,属于财务报告的特点的是(　　)。

A. 财务报告主要是对外报告

B. 财务报告主要反映企业某一时点的财务状况

C. 资产负债表是财务报告的核心内容

D. 财务报告就是财务报表

4. 会计分期的前提是(　　)。

A. 持续经营　　　　B. 会计主体　　　　C. 货币计量　　　　D. 会计分期

5. 确定会计核算空间范围的基本前提是(　　)。

A. 持续经营　　　　B. 会计主体　　　　C. 货币计量　　　　D. 会计分期

6. 下列对会计基本假设的表述中,恰当的是(　　)。

A. 货币计量为确认、计量和报告提供了必要的手段

B. 一个会计主体必然是一个法律主体

C. 持续经营和会计分期确定了会计核算的空间范围

D. 会计主体确立了会计核算的时间范围

7. 收付实现制和权责发生制两种会计基础是基于(　　)会计基本假设。

A. 会计主体　　　　B. 持续经营　　　　C. 会计分期　　　　D. 货币计量

8. 我国企业会计准则规定,企业的会计核算应当以(　　)为基础。

A. 权责发生制　　　B. 实地盘存制　　　C. 永续盘存制　　　D. 收付实现制

9. 企业将租入的使用权资产按自有固定资产的折旧方法计提折旧,遵循的是(   )的要求。

A. 可比性　　　　B. 重要性　　　　C. 相关性　　　　D. 实质重于形式

10. 企业应当以实际发生的交易或者事项为依据进行会计确认、计量和报告,如实反映符合确认和计量要求的各项会计要素及其他相关信息,保证会计信息真实可靠、内容完整。这体现会计核算质量要求的(   )。

A. 及时性　　　　B. 可理解性　　　　C. 相关性　　　　D. 可靠性

11. 企业提供的会计信息应有助于财务会计报告使用者对企业过去、现在或者未来的情况作出评价或者预测,这体现了会计核算质量要求的(   )。

A. 相关性　　　　B. 可靠性　　　　C. 可理解性　　　　D. 可比性

12. 强调某一企业各期提供的会计信息应当采用一致的会计政策,不得随意变更。这体现了会计核算质量要求的是(   )。

A. 可靠性　　　　B. 相关性　　　　C. 可比性　　　　D. 可理解性

13. 企业会计核算必须符合国家的统一规定,这是为了满足(   )的要求。

A. 可靠性　　　　B. 可比性　　　　C. 相关性　　　　D. 重要性

14. 某企业8月份发生的经济业务,会计人员在10月份才入账,这违背了(   )的要求。

A. 及时性　　　　B. 相关性　　　　C. 谨慎性　　　　D. 重要性

15. 企业提供的会计信息应当清晰明了,便于财务会计报告使用者理解和使用。这体现的是(   )要求。

A. 相关性　　　　B. 可靠性　　　　C. 及时性　　　　D. 可理解性

16. 强调不同企业发生的相同或者相似的交易或者事项,应当采用规定的会计政策,确保会计信息口径一致。这体现了会计信息质量要求的(   )。

A. 可靠性　　　　B. 可理解性　　　　C. 及时性　　　　D. 可比性

17. 企业将劳动资料划分为固定资产和低值易耗品,是基于(   )会计核算质量要求。

A. 重要性　　　　B. 可比性　　　　C. 谨慎性　　　　D. 可理解性

18. 下列各项中,符合资产会计要素定义的是(   )。

A. 计划购买的原材料　　　　　　　　B. 待处理财产损失

C. 委托加工物资　　　　　　　　　　D. 预收款项

19. 下列各项中,不属于会计要素计量属性的是(   )。

A. 历史成本　　　　B. 重置成本　　　　C. 现金流量　　　　D. 现值

20. 企业确认资产或负债应满足有关的经济利益(   )流入或流出企业的条件。

A. 可能　　　　B. 基本确定　　　　C. 很可能　　　　D. 极小可能

21. 如果资产按照持续使用带来的现金流量的折现值进行计量,则该计量属性是(   )。

A. 公允价值　　　　B. 现值　　　　C. 可变现净值　　　　D. 摊余成本

22. 下列各项中,可以确认为资产的是(   )。

A. 企业的一部分存货被证明已经无使用价值和转让价值

B. 赊销给客户一部分产品预计两个月后即可收回货款

C. 已经融资租赁给其他企业的机器设备

D. 企业预计在下个月要购进的一批产品

23. 下列各项中,企业应将其确认为一项资产的是(　　　)。

A. 转入"待处理财产损溢"账户的存货　　　B. 以经营租赁方式租入的一项固定资产

C. 存放在受托加工企业的加工物资　　　　D. 企业急需购买的原材料

24. 下列各项中,属于会计职业道德核心的是(　　　)。

A. 诚信　　　　　　B. 客观公正　　　　　C. 独立性　　　　　D. 爱岗敬业

25. 下列关于会计职业道德特点的表述中,错误的是(　　　)。

A. 会计职业道德依靠会计从业人员的自觉性,具有很强的自律性

B. 会计职业道德侧重于调整会计人员的外在行为和结果的合法化,具有较强的客观性

C. 会计职业道德主要依靠道德教育、社会舆论、传统习俗和道德评价来实现

D. 会计职业道德主要以道德评价为标准

26. 某公司为获得一项工程合同,拟向工程发包的有关人员支付好处费 10 万元。公司市场部人员持公司董事长的批示到财务部领取该笔款项时,财务部经理小张认为该项支出不符合有关规定,但考虑到公司主要领导已作了同意的批示,遂支付了此款项。对小张做法的下列认定中,正确的是(　　　)。

A. 小张违反了爱岗敬业的会计职业道德

B. 小张违反了参与管理的会计职业道德

C. 小张违反了提高技能的会计职业道德

D. 小张违反了坚持准则的会计职业道德

二、多项选择题

1. 下列关于会计职能关系的表述中,正确的有(　　　　　)。

A. 会计拓展职能只包括预测经济前景　　　B. 会计监督是会计核算职能的基础

C. 会计核算职能是会计最基本的职能　　　D. 会计监督是会计核算质量的保障

2. 下列关于会计基本假设的说法中,正确的有(　　　　　)。

A. 业务收支以外币为主的企业,可以选定某种外币作为记账本位币,但是编报的财务会计报告应折算为人民币,体现货币计量假设

B. 对自有业务进行确认、计量和报告体现会计主体假设

C. 对外购固定资产按照预计使用年限计提折旧体现持续经营假设

D. 按年编制财务报告体现会计分期假设

3. 下列各项资产中,可以列入企业资产范围的有(　　　　　)。

A. 土地使用权　　　　　　　　　　　　B. 经营方式租出的设备

C. 经营方式租入的设备　　　　　　　　D. 融资租入设备

4. 会计核算的基本前提包括(　　　　　)。

A. 持续经营　　　　B. 会计主体　　　　C. 货币计量　　　　D. 会计分期

5. 可靠性要求做到(　　　　　)。

A. 内容完整　　　　B. 数字准确　　　　C. 资料可靠　　　　D. 对应关系清楚

6. 下列各项中,体现可靠性原则要求的有(　　　　　)。

A. 要求企业根据真实的交易进行会计核算

B. 要求企业提供的会计信息应当与投资者等财务报告使用者的经济决策需要相关

C. 要求企业如实反映符合确认和计量要求的会计要素及其他相关信息

D. 要求企业提供的会计信息应当清晰明了,便于投资者等财务报告使用者理解和使用

7. 根据可比性的要求,企业发生相同或者相似的交易或者事项,为了使会计信息相互可比,企业应做到(   )。

A. 同一企业不同时期选择会计政策后不得随意变更

B. 同一企业不同时期,当改变会计政策后能够更恰当反映会计信息时,则可以变更

C. 同一企业不同时期,当国家有关法规发生变化要求企业变更会计政策时,则可以变更

D. 不同企业应当采用规定的会计政策,确保会计信息口径一致、相互可比

8. 下列做法中,违背会计核算可比性要求的有(   )。

A. 鉴于某项固定资产经改良性能提高,决定延长其折旧年限

B. 鉴于利润计划完成情况不佳,将固定资产折旧方法由原来的双倍余额递减法改为平均年限法

C. 鉴于某项专有技术已经陈旧过时,未来不能给企业带来经济利益,将其账面价值一次性核销

D. 鉴于某被投资企业将发生亏损,将该投资由权益法核算改为成本法核算

9. 在有不确定因素情况下做出判断时,下列事项符合谨慎性要求的做法有(   )。

A. 设置秘密准备   B. 合理估计可能发生的损失和费用

C. 充分估计可能取得的收益和利润   D. 不要高估资产和预计收益

10. 下列各种会计处理方法中,体现谨慎性要求的做法有(   )。

A. 固定资产采用加速折旧方法计提折旧

B. 各项资产计提减值准备

C. 在物价持续下跌的情况下,采用先进先出法计价

D. 企业自行研发无形资产时,研究过程中的费用于发生时计入当期管理费用

11. 根据资产定义,下列各项中不属于资产特征的有(   )。

A. 资产是企业拥有或控制的经济资源

B. 与该资源有关的经济利益很可能流入企业

C. 资产是由企业过去的交易或事项形成的

D. 资产的成本或价值能够可靠地计量

12. 下列关于会计要素的表述中,正确的有(   )。

A. 费用只有在经济利益很可能流出企业从而导致企业资产减少或者负债增加且经济利益的流出金额能够可靠计量时才能予以确认

B. 资产的特征之一是预期能给企业带来经济利益

C. 利润是指企业在一定会计期间的经营成果,包括收入减去费用后的净额、直接计入当期利润的利得和损失等

D. 所有导致所有者权益增加的经济利益的流入都应该确认为收入

13. 下列关于收入的说法中,正确的有(   )。

A. 营业收入和营业外收入都属于收入

B. 收入是企业日常活动中所形成的

C. 收入不包括计入利润表的非日常活动形成的经济利益的流入

D. 收入会导致所有者权益的增加

14. 下列经济事项中,按照"资产"定义进行会计处理的方法有(　　　　　)。

A. 期末对外提供报告前,将待处理财产损失予以转销

B. 将开办费直接计入当期损益

C. 计提各项资产的减值准备

D. 已经霉烂变质的存货,将其账面价值一次转入管理费用

15. 下列项目中,不应作为负债确认的有(　　　　　)。

A. 因购买货物而暂欠外单位的货款

B. 按照购货合同约定以赊购方式购进货物的货款

C. 计划向银行借款 100 万元

D. 因经济纠纷导致的法院尚未判决且金额无法合理估计的赔偿

16. 根据会计恒等式的原理,下列业务中不可能出现的有(　　　　　)。

A. 资产增加,负债减少,所有者权益不变

B. 资产减少,负债减少,所有者权益不变

C. 收入增加,费用减少,利润减少

D. 资产增加,收入增加,负债增加

17. 会计计量属性主要包括(　　　　　)。

A. 历史成本　　　　　B. 重置成本　　　　　C. 可变现净值　　　　　D. 现值

E. 公允价值

18. 下列各项中,属于会计职业道德内容规范的有(　　　　　)。

A. 爱岗敬业　　　　　B. 参与管理　　　　　C. 提高技能　　　　　D. 廉洁自律

19. 下列各项中,符合会计职业道德"提高技能"基本要求的有(　　　　　)。

A. 出纳人员向银行工作人员请教辨别假钞的技术

B. 会计主管与单位其他会计人员交流隐瞒业务收入的做法

C. 会计人员积极参加会计职称培训

D. 总会计师通过自学提高会计职业判断能力、精通经济政策

三、判断题

1. 财务会计报告包括会计报表及其附注和其他应当在财务会计报告中披露的相关信息和资料。　　　　　　　　　　　　　　　　　　　　　　　　　　　　　　　　(　　)

2. 企业对其所使用的机器设备、厂房等固定资产,只有在持续经营的前提下才可以在机器设备的使用年限内,按照资产有关的经济利益的预期实现方式,合理确定采用某一折旧方法计提折旧。　　　　　　　　　　　　　　　　　　　　　　　　　　　　　　　　　(　　)

3. 我国企业会计准则规定,所有单位都应以权责发生制为基础进行核算。　　(　　)

4. 可比性要求企业在不同的会计期间采用的会计处理方法必须保持一致,任何情况下都

不得改变。　　　　　　　　　　　　　　　　　　　　　　　　　　　（　　）

5. 按照谨慎性原则,企业可以合理估计可能发生的损失和费用,因此企业可以任意提取各种准备。　　　　　　　　　　　　　　　　　　　　　　　　　（　　）

6. 判断一项会计事项是否具有重要性,主要取决于会计准则的规定,而不是取决于会计人员的职业判断。所以,同一事项在某一企业具有重要性,在另一企业则也具有重要性。
　　　　　　　　　　　　　　　　　　　　　　　　　　　　　　　　（　　）

7. 按照重要性原则,企业会计核算时将某一项劳动资料划分为固定资产和低值易耗品。
　　　　　　　　　　　　　　　　　　　　　　　　　　　　　　　　（　　）

8. 负债增加,则资产一定增加。　　　　　　　　　　　　　　　　　（　　）

9. 负债是指企业过去的交易或者事项形成的、预期会导致经济利益流出企业的现时义务。
　　　　　　　　　　　　　　　　　　　　　　　　　　　　　　　　（　　）

10. 出售无形资产取得收益会导致经济利益的流入,所以,它属于准则所定义的“收入”范畴。　　　　　　　　　　　　　　　　　　　　　　　　　　　（　　）

11. 利润是企业在日常活动中取得的经营成果,因此它不应包括企业在偶发事件中产生的利得和损失。　　　　　　　　　　　　　　　　　　　　　　　（　　）

12. 权责发生制是以收到或支付现金作为确认收入和费用的依据的。　（　　）

13. 资产按照其购置时支付的现金或者现金等价物的金额或者按照购置资产时所付出的对价的公允价值计量,则其采用的会计计量属性是公允价值。　　　　（　　）

14. 因向所有者分配利润而导致经济利益的流出应当属于费用。　　（　　）

15. 利润包括两个来源:收入减去费用后的净额以及直接计入当期损益的利得和损失。
　　　　　　　　　　　　　　　　　　　　　　　　　　　　　　　　（　　）

16. 会计“坚持准则”的职业道德,要求会计人员在工作中要如实反映,保持应有的独立性。
　　　　　　　　　　　　　　　　　　　　　　　　　　　　　　　　（　　）

17. 会计职业道德的主要内容包括爱岗敬业、诚实守信、廉洁自律、客观公正、参与管理、保持独立等。　　　　　　　　　　　　　　　　　　　　　　　（　　）

项目二 货币资金核算

一、单项选择题

1. 下列结算方式中,不通过"银行存款"科目核算的是( )。
   A. 银行承兑汇票
   B. 外埠存款
   C. 银行本票存款
   D. 银行汇票存款

2. 企业现金清查中,对于现金溢余,如果属于应支付给有关人员或单位的,经过批准后应记入( )科目。
   A. "营业外收入"
   B. "待处理财产损溢"
   C. "管理费用"
   D. "其他应付款"

3. 无法查明原因的现金溢余,经批准后应( )科目。
   A. 转入"其他业务收入"
   B. 冲减"管理费用"
   C. 转入"营业外收入"
   D. 冲减"营业外支出"

4. 企业现金清查中,发现库存现金较账面余额短缺 200 元,在未查明原因前,应借记( )科目。
   A. "营业外支出"
   B. "待处理财产损溢"
   C. "管理费用"
   D. "其他应收款"

5. 企业现金清查中,对于现金短缺,如果经查明应由相关责任人赔偿的,经批准后应记入( )科目。
   A. "财务费用"
   B. "管理费用"
   C. "其他应收款"
   D. "营业外支出"

6. 无法查明原因的现金短缺,按照管理权限经批准处理时,应在( )科目中核算。
   A. "其他应收款"
   B. "营业外支出"
   C. "管理费用"
   D. "财务费用"

7. 银行存款日记账余额为 2 000 元,经与银行对账单核对,有银行代收票据款 400 元及银行手续费 6 元未入账,另外,企业所开现金支票 50 元尚未兑现,则企业实有的银行存款余额为( )元。
   A. 1 000
   B. 2 394
   C. 1 303
   D. 1 347

8. 某企业对管理部门所需备用金采用定额备用金制度,当管理部门报销日常管理支出而补足其备用金定额时,应贷记( )科目。
   A. "其他应收款"
   B. "其他应付款"
   C. "库存现金"
   D. "管理费用"

9. 下列各项中,不通过"其他货币资金"科目核算的是( )。
   A. 外埠存款
   B. 存出投资款
   C. 备用金
   D. 信用卡存款

10. 企业将款项汇往外地开立采购专用账户时,应借记的(   )科目。

A. "材料采购"   B. "其他货币资金"

C. "预付账款"   D. "在途物资"

11. 企业存入证券公司 20 万元银行存款,准备购买债券作为企业的交易性金融资产,但是尚未进行交易,则应借记(   )科目。

A. "银行存款"   B. "其他应收款"

C. "其他货币资金"   D. "交易性金融资产"

12. 下列经济业务中,不能用现金支付的是(   )。

A. 支付物资采购货款 1 200 元   B. 支付零星办公用品购置费 600 元

C. 支付离退休人员工资 3 000 元   D. 支付职工差旅费 2 000 元

13. 下列情形中,不违背《内部会计控制规范——货币资金(试行)》规定的"确保办理货币资金业务不相容岗位相互分离、制约和监督"原则的是(   )。

A. 由出纳人员兼任会计档案保管工作

B. 由出纳人员保管签发支票所需全部印章

C. 由出纳人员兼任收入总账和明细账的登记工作

D. 由出纳人员兼任固定资产明细账及总账登记工作

二、多项选择题

1. "银行存款"账户核算的内容包括(   )。

A. 外埠存款   B. 外币存款   C. 银行本票存款   D. 人民币存款

E. 银行汇票存款

2. 下列情形中,会使企业银行存款日记账余额小于银行对账单余额的有(   )。

A. 企业开出支票,对方未到银行兑现

B. 银行误将其他公司的存款记入本企业"银行存款"账户

C. 银行代扣水电费,企业尚未接到通知

D. 委托收款结算方式下,银行收到结算款项,企业尚未收到通知

3. 下列业务中,可使企业其他货币资金增加的有(   )。

A. 以存出投资款购买债券

B. 将银行存款汇往在外地银行开立的临时采购账户中

C. 通过银行将人民币存款兑换为外币并存入银行

D. 以银行汇票存款转账购买材料

E. 企业为了采购开出银行汇票

4. 下列事项中,符合现金管理有关规定的有(   )。

A. 企业对于当日送存现金有困难的,由开户银行确定送存时间

B. 因特殊情况需要坐支现金的,应当事先报经开户银行审批

C. 企业从开户银行提取现金,只需由本单位出纳人员签字盖章即可

D. 如果现金长短款是由于单据丢失或记账产生的差错,应补办手续入账或更正错误

E. 不准用银行账户代其他单位和个人存入或支取现金

5. 下列价款或费用中,可以通过现金支付的有(　　　　)。

A. 大额商品交易价款　　　　　　B. 向个人收购农副产品的价款

C. 福利费用　　　　　　　　　　D. 出差人员随身携带的差旅费

6. 货币资金的管理和控制应当遵循的原则有(　　　　)。

A. 严格职责分工　　　　　　　　B. 实行交易分开

C. 实施内部稽核　　　　　　　　D. 实行一人一岗

E. 实施定期轮岗

三、判断题

1. 银行存款余额调节表不仅可以核对账目,还可以作为调整银行存款账面余额的原始凭证。　　　　　　　　　　　　　　　　　　　　　　　　　　　　　　(　　)

2. 任何情况下,企业都不准坐支现金。　　　　　　　　　　　　　　　　　(　　)

3. 每日终了,企业必须将现金日记账的余额与现金总账的余额及现金的实际库存数进行核对,做到账账、账实相符。　　　　　　　　　　　　　　　　　　　　　　(　　)

4. 每个企业只能在银行开立一个基本存款账户,企业的工资、奖金等现金的支取只能通过该账户办理。　　　　　　　　　　　　　　　　　　　　　　　　　　　(　　)

四、业务处理题

1. 南方工厂发生如下经济业务:

(1) 开出现金支票一张,从银行提取现金 1 000 元。

(2) 职工王芳出差,借支差旅费 1 600 元,以现金支付。

(3) 收到甲单位交来的转账支票一张,金额为 50 000 元,用以归还上月所欠货款,支票已送交银行。

(4) 从乙企业采购 A 材料,取得的增值税专用发票上注明价款为 100 000 元,增值税税额为 13 000 元,企业采用汇兑结算方式将款项 113 000 元付给乙企业。A 材料已验收入库。

(5) 企业开出转账支票一张,归还前欠丙单位货款 20 000 元。

(6) 职工王芳出差回来报销差旅费,原借支 1 600 元,实报销 1 695(增值税专用发票上注明价款为 1 500 元,增值税税额为 195 元),差额 95 元即用现金补付。

(7) 将现金 1 800 元送存银行。

(8) 企业在现金清查中,发现现金短缺 200 元,原因待查。

(9) 上述现金短款的原因已查明,是出纳员陈红工作失职造成,陈红当即交回现金 200 元以作赔偿。

要求:根据上述经济业务,编制会计分录。

2. 南方工厂 6 月 30 日"银行存款日记账"账面余额为 226 600 元,"银行对账单"余额为 269 700 元。经核对,存在未达账项如下:

(1) 6 月 29 日,工厂销售产品,收到转账支票一张,金额为 23 000 元,银行尚未入账。

(2) 6 月 29 日,工厂开出转账支票一张,支付购买材料款 58 500 元,持票单位尚未向银行办理手续。

(3) 6 月 30 日,银行代工厂收到销货款 24 600 元,工厂尚未收到收款通知。

(4) 6 月 30 日,银行代工厂付出电费 17 000 元,工厂尚未收到付款通知。

要求:根据上述资料,编制"银行存款余额调节表"。

3. 南方工厂发生如下经济业务:

(1) 工厂委托银行开出银行汇票 50 000 元,有关手续已办妥,采购员李强持汇票到外地 A 市采购材料。

(2) 工厂派采购员张山到外地 B 市采购材料,委托银行汇款 100 000 元到 B 市开立采购专户。

(3) 李强在 A 市采购结束,取得的增值税专用发票上注明材料价款为 45 000 元,增值税税额为 5 850 元。工厂已用银行汇票支付 50 000 元,差额 850 元即采用汇兑结算方式补付,材料已验收入库。

(4) 张山在 B 市的采购结束,取得的增值税专用发票上注明材料价款为 80 000 元,增值税税额为 10 400 元。材料已验收入库,同时接到银行多余款收账通知,余款为 9 600 元。

(5) 工厂委托银行开出银行本票 20 000 元,有关手续已办妥。

(6) 工厂购买办公用品 2 300 元,用信用卡付款。收到银行转来的信用卡存款的付款凭证及所附账单,经审核无误。

要求:根据以上经济业务,编制会计分录。

项目三 应收和预付款项核算

一、单项选择题

1. 应收票据到期无法收回时,应将其账面余额转入( )。

A. 应收账款 B. 其他应收款 C. 预付账款 D. 其他货币资金

2. 某企业于 2 月 28 日签发一张期限为 5 个月的商业承兑汇票,则该票据到期日为( )。

A. 7 月 28 日 B. 7 月 30 日 C. 7 月 31 日 D. 8 月 1 日

3. 某企业于 5 月 20 日签发一张期限为 90 天的商业承兑汇票,则该票据到期日为( )。

A. 8 月 15 日 B. 8 月 16 日 C. 8 月 17 日 D. 8 月 18 日

4. 应收票据贴现时,贴现息计入( )。

A. 银行存款 B. 财务费用 C. 原材料 D. 材料采购

5. 下列各项中,应记入"应收票据"科目借方的是( )。

A. 提供劳务收到的商业承兑汇票

B. 提供劳务收到的银行本票

C. 销售商品收到的银行汇票

D. 销售原材料收到的转账支票

6. 下列项目中,属于应收账款范围的是( )。

A. 应向接受劳务单位收取的款项 B. 应收外单位的赔偿款

C. 应收存出保证金 D. 应向职工收取的各种垫付款项

7. 某企业采用托收承付结算方式销售一批商品,开出的增值税专用发票上注明价款为 1 000 万元,增值税税额为 130 万元,销售商品为客户代垫运输费 5 万元,全部款项已办妥托收手续。该企业应确认的应收账款为( )万元。

A. 1 000 B. 1 005 C. 1 130 D. 1 135

8. 甲公司属于增值税一般纳税人,4 月 1 日向乙公司销售商品一批,价款为 100 万元,适用的增值税税率为 13%,双方合同约定,乙公司用一张与应付款项同等金额的 3 个月期的银行承兑汇票抵付货款,并且双方已经办妥托收手续,则甲公司的下列会计处理中正确的是( )。

A. 借:应收票据 113

贷:主营业务收入 100

应交税费——应交增值税(销项税额) 13

    B. 借：应收账款　　　　　　　　　　　　　　　　　　　113

        贷：主营业务收入　　　　　　　　　　　　　　　　100

          应交税费——应交增值税(销项税额)　　　　13

    C. 借：其他应收款　　　　　　　　　　　　　　　　　　113

        贷：主营业务收入　　　　　　　　　　　　　　　　100

          应交税费——应交增值税(销项税额)　　　　13

    D. 借：应收账款　　　　　　　　　　　　　　　　　　　100

        贷：主营业务收入　　　　　　　　　　　　　　　　100

9. 企业未设置"预付账款"科目,发生预付货款业务时应借记(　　)科目。

  A. "预收账款"　　　B. "其他应付款"　　　C. "应收账款"　　　D. "应付账款"

10. 当企业预付货款小于采购货物所需支付的款项时,应将不足部分补付,此时应借记(　　)科目。

  A. "预付账款"　　　B. "应付账款"　　　C. "其他应付款"　　　D. "其他应收款"

11. 下列关于"预付账款"科目的表述中,不正确的是(　　)。

  A. "预付账款"科目属于负债类科目

  B. 期末余额在借方,反映企业实际预付的款项

  C. 期末余额在贷方,则反映企业应付或应补付的款项

  D. 预付款项情况不多的企业,可以不设置"预付账款"科目,预付的款项通过"应付账款"科目核算

12. 甲公司 2022 年 12 月发生如下事项：出租包装物一批,应收包装物租金 20 万元；赊销商品一批,价款合计为 350 万元；代垫的运费 10 万元；应向职工收取的代垫医药费 3 万元、房屋租金 5 万元。则甲公司 2022 年 12 月应计入"其他应收款"科目的金额为(　　)万元。

  A. 25　　　　　　　B. 28　　　　　　　C. 43　　　　　　　D. 350

13. 下列各项中,属于"其他应收款"科目核算内容的是(　　)。

  A. 为购货单位垫付的运费　　　　　　　　B. 应收的劳务款

  C. 应收的销售商品款　　　　　　　　　　D. 为职工垫付的房租

14. 下列应收、暂付款项中,不通过"其他应收款"科目核算的是(　　)。

  A. 应收保险公司的赔款　　　　　　　　　B. 应向购方收取的代垫运杂费

  C. 应向职工收取的各种垫付款项　　　　　D. 应收出租包装物的租金

15. 企业出租固定资产,应收而未收到的租金应记入(　　)科目的借方。

  A. "其他业务收入"　　　　　　　　　　　B. "固定资产清理"

  C. "应收账款"　　　　　　　　　　　　　D. "其他应收款"

16. 企业租入包装物而支付给出租人的押金,应计入(　　)。

  A. 银行存款　　　B. 应收账款　　　C. 其他应收款　　　D. 营业外支出

17. 某企业按照应收账款余额的 10% 计提"坏账准备"。该企业 2021 年年末"应收账款"余额为 2 000 万元,"坏账准备"余额为 200 万元。2022 年发生坏账 50 万元,发生坏账收回 60 万元,2022 年年末"应收账款"余额为 2 500 万元,那么该企业 2022 年应该提取的坏账准备为(　　)万元。

  A. 40　　　　　　　B. 50　　　　　　　C. 30　　　　　　　D. 60

18. 在应收账款计提坏账准备的情况下,已确认的坏账又收回时,应借记(　　)科目,贷记"坏账准备"科目。

A. "其他应收款"　　　　　　　　　　B. "应收账款"

C. "营业外收入"　　　　　　　　　　D. "信用减值损失——计提的坏账准备"

19. 企业在连续提取坏账准备的情况下,"坏账准备"科目在期末结账前如为贷方余额,其反映的内容是(　　)。

A. 已经发生的坏账损失

B. 上年末坏账准备的余额小于本年确认的坏账损失部分

C. 企业已提取但尚未转销的坏账准备数额

D. 本年提取的坏账准备

20. "坏账准备"科目在期末结账前如为借方余额,其反映的内容是(　　)。

A. 提取的坏账准备　　　　　　　　B. 实际发生的坏账损失

C. 收回以前已经确认并转销的坏账准备　　D. 已确认的坏账损失超出坏账准备的余额

21. 某企业年初"坏账准备"科目的贷方余额为 20 万元,本年收回上年已确认为坏账的应收账款 5 万元,经减值测试并确定"坏账准备"科目年末贷方余额应为 30 万元。不考虑其他因素,该企业年末应计提的坏账准备为(　　)万元。

A. 5　　　　　　　B. 10　　　　　　　C. 15　　　　　　　D. 30

22. 甲公司 2022 年年初应收账款余额为 1 800 万元,本期赊销款为 200 万元,当期收回应收账款 500 万元,甲公司按应收账款余额百分比法计提坏账准备,计提比例为 2%,则 2022 年年末应当计提的坏账准备金额为(　　)万元。

A. 6　　　　　　　B. 30　　　　　　　C. −6　　　　　　　D. −3

23. 2022 年 12 月 1 日,某公司"坏账准备—应收账款"科目贷方余额为 1 万元。12 月 16 日,收回已作坏账转销的应收账款 2 万元。12 月 31 日,应收账款账面余额为 120 万元。经评估,应收账款的账面价值为 110 万元,不考虑其他因素,12 月 31 日该公司应计提的坏账准备金额为(　　)万元。

A. 10　　　　　　　B. 8　　　　　　　C. 7　　　　　　　D. 9

24. 2022 年 12 月 1 日,某企业"坏账准备—应收账款"科目贷方余额为 1 万元。12 月 25 日,收回已作坏账转销的应收账款 1 万元,12 月 31 日,应收账款余额为 130 万元,预计未来现金流量的现值为 118 万元。不考虑其他因素,12 月 31 日该企业应计提的坏账准备金额为(　　)万元。

A. 10　　　　　　　B. 12　　　　　　　C. 11　　　　　　　D. 13

25. A 企业通过对应收款项的风险进行分析,决定按应收账款余额的一定比例计提坏账。"坏账准备"科目的年初余额为 4 000 元,"应收账款"和"其他应收款"科目的年初余额分别为 30 000 元和 10 000 元。当年,不能收回的应收账款 2 000 元确认为坏账损失。"应收账款"和"其他应收款"科目的年末余额分别为 60 000 元和 10 000 元,假定该企业年末确定的坏账提取比例为 10%。该企业年末应提取的坏账准备为(　　)元。

A. 1 000　　　　　　　B. 3 000　　　　　　　C. 5 000　　　　　　　D. 7 000

26. B 企业通过对应收款项的风险进行分析,按账龄确定了一组风险组合,并分析出各组合坏账发生的比例,具体情况如下:该企业 2021 年 12 月 31 日应收账款余额为 200 万元,"坏账准备"科目贷方余额为 5 万元;2022 年发生坏账 8 万元,发生坏账回收 2 万元。2022 年 12 月 31 日应收账款余额为 120 万元(其中未到期应收账款为 40 万元,估计损失 1%;过期 1 个月的应收账款为 30 万元,估计损失 2%;过期 2 个月的应收账款为 20 万元,估计损失 4%;过期 3 个月的应收账款为 20 万元,估计损失 6%;过期 3 个月以上的应收账款为 10 万元,估计损失 10%。)。企业 2022 年应提取的坏账准备为(　　　)万元。

A. 5　　　　　　　B. 4　　　　　　　C. 3　　　　　　　D. —5

二、多项选择题

1. 下列各项中,应通过"应收票据"或"应付票据"科目核算的票据有(　　　)。

A. 银行本票　　B. 银行汇票　　C. 支票　　　　D. 商业承兑汇票

E. 银行承兑汇票

2. 甲企业为增值税一般纳税人,适用的增值税税率为 13%。5 月 1 日,向乙企业销售一批商品,开出的增值税专用发票上注明价格为 80 万元,增值税税额为 10.4 万元。该批商品的实际成本为 35 万元。商品已发出,收到客户开具的商业承兑汇票结清全部款项。下列关于甲企业向乙企业销售商品会计处理的表述中,正确的有(　　　)。

A. 确认主营业务收入 80 万元　　　　B. 结转主营业务成本 35 万元

C. 确认应收票据 90.4 万元　　　　　D. 确认应收账款 90.4 万元

3. 下列各项中,应在"其他应收款"科目核算的有(　　　)。

A. 应收保险公司的各种赔款　　　　　B. 应向职工收取的各种垫付款

C. 应收出租包装物的租金　　　　　　D. 向外单位借用包装物支付的押金

E. 设置"备用金"科目的预付给企业内部单位或个人的备用金

4. 下列关于"预付账款"账户的说法中,正确的有(　　　)。

A. "预付账款"属于资产类账户

B. 预付货款不多的企业,可以不单独设置"预付账款"账户,将预付的货款记入"应付账款"账户的借方

C. "预付账款"账户贷方余额反映的是应付供应单位的款项

D. "预付账款"账户核算企业因销售业务产生的往来款项

5. 下列各项中,应列入资产负债表"应收账款"项目的有(　　　)。

A. 代职工垫付的医疗费　　　　　　　B. 代购货单位垫付的运杂费

C. 销售产品应收取的款项　　　　　　D. 对外提供服务应收取的款项

6. 下列各项中,属于"其他应收款"科目核算内容的有(　　　)。

A. 租入包装物支付的押金　　　　　　B. 出差人员预借的差旅费

C. 被投资单位已宣告但尚未发放的现金股利　D. 应收取的罚款

7. 下列项目中,应通过"其他应收款"科目核算的有(　　　)。

A. 拨付给企业各内部单位的备用金　　B. 应收的赔款

C. 支付的各种押金　　　　　　　　　D. 应向职工收取的垫付的医疗费

8. 4 月 1 日,某企业高管出差预借差旅费 10 000 元,以库存现金支付。10 日出差归来,报销差旅费 9 000 元,将剩余现金交回。则下列会计处理正确的有(　　　)。

A. 4月1日,借:管理费用　　　　　　　　　　　　　　　　　　　　10 000

　　　　　　贷:库存现金　　　　　　　　　　　　　　　　　　　　　10 000

B. 4月1日,借:其他应收款　　　　　　　　　　　　　　　　　　　10 000

　　　　　　贷:库存现金　　　　　　　　　　　　　　　　　　　　　10 000

C. 4月10日,借:管理费用　　　　　　　　　　　　　　　　　　　　9 000

　　　　　　　库存现金　　　　　　　　　　　　　　　　　　　　　1 000

　　　　　　　贷:其他应收款　　　　　　　　　　　　　　　　　　　10 000

D. 4月10日,借:销售费用　　　　　　　　　　　　　　　　　　　　9 000

　　　　　　　贷:库存现金　　　　　　　　　　　　　　　　　　　　 9 000

9. 下列各项中,企业应通过"其他应收款"科目核算的有(　　　　　　)。

A. 应收代职工垫付的房租和水电费

B. 财产遭受意外损失应由保险公司支付的赔偿款项

C. 销售商品代客户垫付的运输费

D. 租入包装物支付的押金

10. 下列各项中,应在"坏账准备"借方登记的有(　　　　　　)。

A. 冲减已计提的减值准备　　　　　　　B. 收回前期已核销的应收账款

C. 核销实际发生的坏账损失　　　　　　D. 计提坏账准备

11. 某企业坏账损失采用备抵法核算,已作为坏账损失处理的应收账款2 000元,当期又收回,正确的会计分录有(　　　　　　)。

A. 借:坏账准备　　　　　2 000　　　B. 借:应收账款　　　　　2 000

　　贷:应收账款　　　　2 000　　　　　贷:坏账准备　　　　　2 000

C. 借:银行存款　　　　　2 000　　　D. 借:银行存款　　　　　2 000

　　贷:管理费用　　　　2 000　　　　　贷:应收账款　　　　　2 000

12. 下列项目中,应计提坏账准备的有(　　　　　　)。

A. "应收账款"　　　B. "应收票据"　　　C. "其他应收款"　　　D. "预付账款"

13. 下列各项中,会引起应收账款账面价值发生变化的有(　　　　　　)。

A. 收回已转销的坏账　　　　　　　　　B. 收回应收账款

C. 计提应收账款坏账准备　　　　　　　D. 实际发生坏账损失

14. 下列款项中,应记入"坏账准备"科目贷方的有(　　　　　　)。

A. 转销已确认无法收回的应收账款　　　B. 转销确实无法支付的应付账款

C. 收回过去已经确认并转销的坏账　　　D. 按规定提取坏账准备

三、判断题

1. "应收账款"科目的期末余额在借方,反映企业尚未收回的应收账款,其期末余额不会出现在贷方。　　　　　　　　　　　　　　　　　　　　　　　　　　　　(　　　)

2. 企业未设置"预付账款"科目,发生预付货款业务时应借记"预收账款"科目。　(　　　)

3. 应收利息是指企业按照合同约定应支付的利息,包括预提短期借款利息、分期付息到期还本的长期借款、企业债券等应支付的利息。　　　　　　　　　　　　　　(　　　)

4. 企业在确定应收款项减值的核算方法时,应根据本企业实际情况,按照成本效益原则,在备抵法和直接转销法之间合理选择。 （　　）

5. 已确认为坏账的应收账款,意味着企业放弃了其追索权。 （　　）

6. 在资产负债表上,"应收账款""其他应收款"项目均按减去已计提坏账准备后的可收回净额列示。 （　　）

7. 企业预付款项给供应单位形成的债权,可在"预付账款"或"应付账款"科目核算。 （　　）

8. 用账龄分析法估计坏账损失是基于这种观点:账款拖欠的时间越长,发生坏账的可能性就越大,应提取的坏账准备就越多。 （　　）

9. 会计期末,当企业用一定方法计算出的应提坏账准备大于"坏账准备"账面余额的,应按其差额冲减多提的坏账准备。 （　　）

10. 在备抵法下,企业将不能收回的应收账款确认坏账损失时,应计入信用减值损失,并冲销相应的应收账款。 （　　）

11. 企业应当定期或者至少于每年年度终了,对其他应收款进行检查,预计其可能发生的坏账损失,并计提坏账准备。 （　　）

四、业务处理题

1. 南方工厂某月份发生如下经济业务:

(1) 向甲公司销售产品一批,价款为 50 000 元,增值税税额为 6 500 元,采用托收承付结算方式结算,在产品发运时,以支票支付代垫运杂费 400 元,已向银行办妥托收手续。

(2) 上月应收乙企业货款 65 000 元,经协商改用商业汇票结算。工厂已收到乙企业交来的一张 3 个月期的商业承兑汇票,票面价值为 65 000 元。

(3) 持上述商业承兑汇票到银行贴现(银行有追索权),共贴现 60 000 元,存入银行。

(4) 接银行通知,应收甲公司的货款 56 900 元已收妥入账。

要求:根据上述经济业务,编制会计分录。

2. 南方工厂采用预付款项的方式采购材料:

(1) 6 月 3 日,从甲企业采购材料,开出转账支票一张,预付材料款 100 000 元。

(2) 6 月 25 日,收到甲企业的材料及有关结算单据,材料价款为 100 000 元,增值税税额为 13 000 元,材料已验收入库。同时开出转账支票一张,补付材料款 13 000 元。

要求:根据上述经济业务,编制会计分录。

3. A 公司有关应收账款的资料如下:

(1) A 公司于 2021 年年末开始计提坏账准备,年末应收账款余额为 627 万元,经过减值测试,公司决定按 5% 计提坏账准备。

(2) 2022 年 3 月经过核实,应收甲公司 5 775 元和乙公司 4 125 元的两笔货款已无法收回,转为坏账损失。

(3) 2022 年 7 月,A 公司收到于 3 月份已转为坏账损失的甲公司账款 5 775 元。

(4) 至 2022 年 12 月 31 日,该公司应收账款共计 998 万元,经过减值测试,公司决定仍按 5% 计提坏账准备。

要求:根据上述资料,编制会计分录。

一、单项选择题

1. 下列各项中,不应计入存货实际成本中的是( )。

A. 用于继续加工的委托加工应税消费品收回时支付的消费税

B. 小规模纳税企业委托加工物资收回时所支付的增值税

C. 发出用于委托加工的物资在运输途中发生的合理损耗

D. 商品流通企业外购商品时所发生的合理损耗

2. 下列各项中,不应计入存货实际成本中的是( )。

A. 用于直接对外销售的委托加工应税消费品收回时支付的消费税

B. 材料采购过程中发生的非合理损耗

C. 发出用于委托加工的物资在运输途中发生的保险费

D. 商品流通企业外购商品时所支付的运杂费等相关费用

3. 下列各项支出中,增值税一般纳税企业不计入存货成本的是( )。

A. 购入货物时支付的增值税进项税额　　B. 入库前的挑选整理费用

C. 购买货物而发生的运输费用　　　　　D. 从国外购买货物支付的关税

4. 下列与原材料相关的损失项目中,应该计入原材料成本的是( )。

A. 计量差错引起的原材料盘亏　　　　　B. 自然灾害造成的原材料损失

C. 原材料运输途中发生的合理损耗　　　D. 人为责任造成的原材料损失

5. 某企业为增值税一般纳税人,从外地购入原材料 6 000 吨,收到的增值税专用发票上注明售价为 7 200 000 元,增值税税额为 936 000 元,另发生运输费为 60 822 元(增值税专用发票上注明价格为 55 800 元,增值税税额为 5 022 元);装卸费 21 200 元(增值税专用发票上注明价格为 20 000 元,增值税税额为 1 200 元);途中保险费为 19 080 元(增值税专用发票上注明价格为 18 000 元,增值税税额为 1 080 元)。原材料运到后验收数量为 5 996 吨,短缺 4 吨为合理损耗,则该原材料的入账价值为( )元。

A. 7 078 000　　B. 7 098 000　　C. 7 293 800　　D. 7 089 000

6. 甲企业系增值税一般纳税企业,本期购入一批商品,进货价格为 750 000 元,增值税税额为 97 500 元,所购商品到达后验收发现短缺 30%,其中合理损失 5%,另 25% 的短缺尚待查明原因,则该商品应计入存货的实际成本为( )元。

A. 560 000　　B. 562 500　　C. 655 200　　D. 702 000

7. A 企业为水果加工企业(属增值税一般纳税企业),现向当地农民购入水果 20 000 千克,价款为 20 000 元,增值税税率为 9%,挑选整理费为 1 000 元,合理损耗为 200 千克。则该批水果的单位成本为(   )元。

    A. 约 0.98   B. 约 0.96   C. 1   D. 约 0.97

8. 某工业企业为增值税小规模纳税人,7 月 9 日购入材料一批,取得的增值税专用发票上注明价款为 21 200 元,增值税税额为 636 元,材料入库前的挑选整理费用为 200 元,材料已验收入库。则该企业取得的该材料的入账价值应为(   )元。

    A. 20 200   B. 21 400   C. 23 804   D. 22 036

9. 某增值税小规模纳税企业本期购入一批商品 100 千克,进货单价为 1 万元,增值税税额为 13 万元。所购商品到达后验收发现商品短缺 20%,其中合理损失 10%,另 10% 的短缺尚待查明原因。则该批商品的单位成本为(   )万元/千克。

    A. 1   B. 1.46   C. 1.27   D. 1.25

10. 某企业发出材料采用先进先出法进行核算。1 月初某种材料库存为 60 件,每件为 1 000 元。1 月又购进两批,第一批为 200 件,每件 960 元;第二批为 100 件,每件 980 元。1 月没有发出该种材料。2 月 5 日发出该种材料为 100 件,那么发出材料的成本为(   )元。

    A. 100 000   B. 98 400   C. 96 000   D. 97 222

11. 某企业 11 月 1 日存货结存数量为 200 件,单价为 4 元;11 月 2 日发出存货 150 件;11 月 5 日购进存货 200 件,单价为 4.4 元;11 月 7 日发出存货 100 件。在对存货发出采用先进先出法的情况下,11 月 7 日发出存货的实际成本为(   )元。

    A. 400   B. 420   C. 430   D. 440

12. 甲材料月初结存存货 3 000 元,本月增加存货 4 000 元;月初数量为 1 500 件,本月增加 2 500 件,那么,甲材料本月的加权平均单位成本为(   )元/件。

    A. 2   B. 1.75   C. 1.6   D. 2.5

13. 某工业企业为增值税一般纳税人,原材料采用实际成本法核算。购入 A 种原材料 1 000 吨,收到的增值税专用发票上注明价款为 800 万元,增值税税额为 104 万元。另发生运费为 11.36 万元,增值税税额为 1.022 4 万元;装卸费用为 4 万元,增值税税额为 0.24 万元;途中保险费用为 3 万元,增值税税额为 0.18 万元。原材料运抵企业后,验收入库原材料为 998 吨,运输途中发生合理损耗 2 吨。则该原材料的实际单位成本为(   )万元。

    A. 0.80   B. 0.81   C. 0.82   D. 0.83

14. 企业在材料收入的核算中,需在月末暂估入账并于下月初红字冲回的是(   )。

    A. 月末购货发票账单未到,但已入库的材料

    B. 月末购货发票账单已到,货款未付但已入库的材料

    C. 月末购货发票账单已到,货款已付且已入库的材料

    D. 月末购货发票账单已到,货款已付但未入库的材料

15. 甲公司按月末一次加权平均法计算材料的发出成本。3 月 1 日结存 A 材料 100 千克,每千克实际成本为 100 元。本月发生如下有关业务:

    (1) 3 日,购入 A 材料 50 千克,每千克实际成本为 105 元,材料已验收入库。

    (2) 5 日,发出 A 材料 80 千克。

    (3) 20 日,购入 A 材料 80 千克,每千克实际成本为 110 元,材料已验收入库。

（4）25 日，发出 A 材料 30 千克。

则 A 材料期末结存的成本为（ ）元。（保留小数点后两位小数）

A. 12 500   B. 13 000   C. 13 500   D. 12 547.30

16. 某企业月初结存材料的计划成本为 30 000 元，成本差异为超支 200 元；本月入库材料的计划成本为 70 000 元，成本差异为节约 700 元；当月领用材料的计划成本为 60 000 元，那么领用材料负担的材料成本差异为（ ）元。

A. -300   B. 300   C. -460   D. 460

17. 某工业企业月初库存原材料计划成本为 18 500 元，"材料成本差异"科目贷方余额为 1 000 元。本月 10 日购入原材料的实际成本为 42 000 元，计划成本为 41 500 元。本月发出材料计划成本为 20 000 元。本月月末发出材料的实际成本为（ ）元。

A. 20 000   B. 39 687   C. 19 834   D. 40 322

18. 某企业月初结存材料的计划成本为 250 万元，材料成本差异为超支 45 万元；当月入库材料的计划成本为 550 万元，材料成本差异为节约 85 万元；当月生产车间领用材料的计划成本为 600 万元。当月生产车间领用材料的实际成本为（ ）万元。

A. 502.5   B. 570   C. 630   D. 697.5

19. 甲公司为增值税小规模纳税人，原材料采用计划成本核算。甲材料计划成本每千克为 20 元。本月购进甲材料 9 000 千克，收到的增值税专用发票上注明价款为 153 000 元，增值税税额为 19 890 元。另发生运输费 1 000 元，包装费 500 元，仓储费 600 元，途中保险费用 538.5 元（均含税）。原材料运抵企业后验收入库原材料 8 992.50 千克，运输途中合理损耗 7.5 千克。则购进甲材料发生的成本超支差异为（ ）元。

A. 5 398.50   B. -4 321.5   C. 27 961.50   D. 24 361.50

20. 某增值税一般纳税企业因管理不善导致一批库存材料被盗，该批原材料实际成本为 20 000 元，保险公司赔偿 11 300 元。该企业购入材料的增值税税率为 13%，该批毁损原材料造成的非正常损失净额是（ ）元。

A. 8 400   B. 19 600   C. 9 200   D. 11 300

21. A、B 公司均为增值税一般纳税人，A 公司发出原材料实际成本 210 万元，委托 B 公司加工一批应交消费税的半成品，收回后用于连续生产应税消费品。支付加工费 4 万元、增值税 0.52 万元、消费税 24 万元。假定不考虑其他相关税费，A 公司收回该半成品的入账价值为（ ）万元。

A. 214   B. 214.68   C. 238   D. 238.68

22. 随同产品出售但不单独计价的包装物，应该在发出时将其实际成本记入（ ）科目。

A. "其他业务成本"   B. "销售费用"

C. "管理费用"   D. "主营业务成本"

23. 企业对随同商品出售而单独计价的包装物进行会计处理时，该包装物的实际成本应结转到（ ）科目。

A. "制造费用"   B. "销售费用"   C. "营业外支出"   D. "其他业务成本"

24. 对于数量不多且价值较低的低值易耗品，应采用（ ）进行摊销。

A. 一次转销法   B. 五五摊销法   C. 分次摊销法   D. 计划成本法

25. 若包装物采用一次摊销法核算,当出借的包装物不能继续使用而报废时,应将其残值(   )。

    A. 计入营业外支出   B. 冲减营业外收入

    C. 冲减销售费用   D. 冲减其他业务成本

26. 某企业为增值税一般纳税企业,适用的增值税税率为 13%,适用的消费税税率为 10%。该企业委托其他单位(增值税一般纳税企业)加工一批属于应税消费品的原材料,该批委托加工原材料收回后直接用于销售。发出材料的成本为 18 万元,支付的不含增值税的加工费为 9 万元,支付的增值税税额为 1.17 万元。该批原材料已加工完成并验收入库,则原材料成本为(   )万元。

    A. 27   B. 28   C. 30   D. 31.53

27. 甲企业委托乙单位将 A 材料加工成用于直接对外销售的应税消费品 B 材料,适用的消费税税率为 5%。发出 A 材料的实际成本为 978 500 元,加工费为 285 000 元,往返运杂费为 9 156 元(增值税专用发票上显示价格为 8 400 元,增值税税额为 756 元)。假设双方均为增值税一般纳税企业,增值税税率为 13%。B 材料加工完毕验收入库时,其实际成本为(   )元。

    A. 1 374 850   B. 1 326 400   C. 1 338 400   D. 1 273 325

28. 某企业采用毛利率法对发出存货进行核算。该企业 A 类商品上月库存为 20 000 元,本月购进 8 000 元,本月销售净额为 15 000 元,上月该类商品的毛利率为 20%。则本月末库存商品成本为(   )元。

    A. 3 000   B. 16 000   C. 12 000   D. 23 000

29. 甲商场采用售价金额核算法对库存商品进行核算。3 月初库存商品的进价成本为 21 万元,销售总额为 30 万元;本月购进商品的进价成本为 31 万元,售价总额为 50 万元;本月销售商品的售价总额为 60 万元。假定不考虑增值税及其他因素,甲商场 3 月末结存商品的实际成本为(   )万元。

    A. 7   B. 13   C. 27   D. 33

30. 企业发生的存货盘盈,如果属于收发计量方面的错误,在报经批准后应贷记(   )科目。

    A. "待处理财产损溢"   B. "营业外收入"

    C. "营业外支出"   D. "管理费用"

31. 属于定额内损耗的材料盘亏,经批准后可转作(   )。

    A. 生产成本   B. 管理费用   C. 营业外支出   D. 其他应收款

32. 企业发生的原材料盘亏或毁损中,不应作为管理费用列支的是(   )。

    A. 自然灾害造成的毁损净损失   B. 保管中发生的定额内自然损耗

    C. 收发计量造成的盘亏损失   D. 管理不善造成的盘亏损失

33. 某增值税一般纳税企业因台风毁损材料一批,计划成本为 80 000 元,材料成本差异率为 -1%,企业适用的增值税税率为 13%,能够获得保险公司赔款 50 000 元,则因该批材料的毁损而记入"营业外支出"科目的金额为(   )元。

    A. 43 000   B. 42 664   C. 30 000   D. 29 200

34. 2022 年 12 月 31 日,兴业公司库存原材料——A 材料的账面价值(即成本)为 350 万元,市场购买价格总额为 280 万元,预计销售发生的相关税费为 10 万元;用 A 材料生产的产成品 W 型机器的可变现净值高于成本。则 2022 年年末 A 材料的账面价值为( )万元。

A. 350　　　　　B. 280　　　　　C. 270　　　　　D. 290

35. 2022 年年末,大华公司决定将用于生产 C 产品的甲材料对外出售,2022 年 12 月 31 日,甲材料库存为 10 000 千克,成本为 200 万元。该材料目前的市场价格为 190 元/千克,同时销售该材料可能发生销售税费 2 万元。2022 年 12 月 31 日甲材料的账面价值应为( )万元。

A. 200　　　　　B. 198　　　　　C. 190　　　　　D. 188

36. 甲企业为增值税一般纳税企业,适用的增值税税率为 13%,因销售商品出租给乙企业包装物一批,收取押金 4 914 元。因乙企业逾期未退还租用的包装物,按协议规定,甲企业没收全部押金 4 914 元。因该业务,甲企业记入"其他业务收入"账户的金额为( )元。

A. 4 680　　　　B. 4 348.67　　　C. 3 884.40　　　D. 680

37. 某零售商店年初库存商品成本为 50 万元,售价总额为 72 万元。当年购入商品的实际成本为 120 万元,售价总额为 200 万元。当年销售收入为当年购入商品售价的 80%。在采用售价金额法的情况下,该商店年末库存商品成本为( )万元。

A. 67.20　　　　B. 70　　　　　C. 60　　　　　D. 80

38. 商场对库存商品采用售价金额法核算,期末按单个存货项目的成本与可变现净值孰低计价。2021 年 12 月,A 商品的月初成本为 70 万元,售价总额为 110 万元(不含增值税税额),未计提存货跌价准备。本月购进 A 商品成本为 210 万元,售价总额为 240 万元;本月销售收入为 240 万元(不含增值税税额)。2021 年 12 月 31 日,A 商品的可变现净值为 78 万元,该商场对 A 商品应计提的存货跌价准备为( )万元。

A. 0　　　　　　B. 8　　　　　　C. 10　　　　　D. 32

39. 某企业因火灾原因盘亏一批材料 16 000 元,该批材料的进项税额为 2 080 元。收到保险赔款 1 000 元,责任人赔偿 500 元,残料入库 100 元。报经批准后,应记入"营业外支出"科目的金额为( )元。

A. 16 480　　　B. 18 720　　　C. 14 400　　　D. 14 500

40. 企业对于已记入"待处理财产损溢"科目的存货盘亏及毁损事项进行会计处理时,应计入管理费用的是( )。

A. 管理不善造成的存货净损失　　　　B. 自然灾害造成的存货净损失
C. 应由保险公司赔偿的存货损失　　　D. 应由过失人赔偿的存货损失

41. 甲公司为增值税一般纳税企业,因管理不善造成一批库存原材料毁损,该批原材料实际成本为 30 000 元,收回残料价值 2 000 元,过失人赔偿 1 000 元,保险公司赔偿 8 000 元。该企业购入材料适用的增值税税率为 13%。则该批毁损原材料造成的净损失为( )元。

A. 27 100　　　B. 24 400　　　C. 24 300　　　D. 22 900

42. 2022 年 12 月 31 日,祁红公司库存 B 材料的账面价值(成本)为 60 万元,市场购买价格总额为 55 万元,假设不发生其他购买费用,由于 B 材料市场销售价格下降,市场上用 B 材料生产的乙产品的市场价格也有所下降,祁红公司估计,用库存的 B 材料生产的乙产品的市场价格总额由 150 万元降至 135 万元,乙产品的成本为 140 万元,将 B 材料加工成乙产品尚需投入 80 万元,估计销售费用及税金为 5 万元。2022 年 12 月 31 日 B 材料的账面价值为（　　）万元。

A. 60　　　　　　　B. 50　　　　　　　C. 55　　　　　　　D. 80

43. 对下列存货盘亏或损毁事项进行处理时,企业不应当计入管理费用的是（　　）。

A. 由于定额内损耗造成的存货盘亏净损失

B. 由于核算差错造成的存货盘亏净损失

C. 由于自然灾害造成的存货毁损净损失

D. 由于收发计量原因造成的存货盘亏净损失

44. 甲公司中的甲材料专门用于生产 M 产品,现公司仓库中有 50 吨甲材料和 100 件 M 产品。2022 年 12 月 31 日,甲材料的成本为每吨 10 万元,可变现净值为每吨 8 万元;M 产品的成本为每件 30 万元,可变现净值为每件 35 万元。假设甲公司无其他存货,且未计提存货跌价准备。则 2022 年 12 月 31 日应计提的存货跌价准备为（　　）万元。

A. 100　　　　　　　B. 500　　　　　　　C. 400　　　　　　　D. 0

45. M 公司期末原材料的账面余额为 5 000 元,数量为 100 件。该原材料专门用于生产与 N 公司所签合同约定的 50 件甲产品。该合同约定：M 公司为 N 公司提供甲产品 50 件,每件售价为 110 元(不含增值税税额)。将该原材料加工成 50 件甲产品尚需加工成本总额为 510 元。估计销售每件甲产品尚需发生相关税费 0.2 元(不含增值税税额)。本期期末市场上该原材料每件售价为 48 元,估计销售原材料尚需发生相关税费 0.1 元。期末该原材料应计提的减值准备为（　　）元。

A. 20　　　　　　　B. 200　　　　　　　C. 190　　　　　　　D. 105

46. 下列有关确定存货可变现净值基础的表述中,不正确的是（　　）。

A. 有销售合同的库存商品以该库存商品的合同售价为基础

B. 无销售合同的库存商品以该库存商品的估计售价为基础

C. 用于生产有销售合同产品的材料以该材料的市场价格为基础

D. 用于出售且无销售合同的材料以该材料的市场价格为基础

二、多项选择题

1. 下列项目中,构成企业存货实际成本的有（　　）。

A. 支付的买价　　　　　　　　　　B. 入库后的挑选整理费

C. 运输途中的合理损耗　　　　　　D. 一般纳税人购货时的增值税进项税额

E. 加工货物收回后直接用于销售的消费税

2. 下列项目中,应计入企业存货成本的有（　　）。

A. 进口原材料支付的关税　　　　　B. 生产过程中发生的制造费用

C. 原材料入库前的挑选整理费用　　D. 自然灾害造成的原材料净损失

3. 下列项目中,应计入商品流通企业存货入账价值的有（　　）。

A. 一般纳税人购入存货时支付的增值税税额

B. 购入存货时支付的运杂费

C. 购入存货时支付的包装费

D. 进口商品时支付的关税

4. 存货的计价方法有实际成本法和计划成本法,在实际成本法下,发出存货的计价方法包括(　　　　)。

A. 个别计价法　　　　B. 先进先出法　　　　C. 后进先出法　　　　D. 一次加权平均法

5. 计划成本法下,下列项目中应记入"材料成本差异"账户贷方的有(　　　　)。

A. 购入材料时,实际成本大于计划成本的差额

B. 购入材料时,实际成本小于计划成本的差额

C. 调整增加原材料的计划成本

D. 调整减少原材料的计划成本

6. "材料成本差异"账户借方可以用来登记(　　　　)。

A. 购进材料实际成本小于计划成本的差额

B. 发出材料应负担的超支差异

C. 发出材料应负担的节约差异

D. 购进材料实际成本大于计划成本的差额

7. 下列各项中,增值税一般纳税企业应计入收回委托加工物资成本的有(　　　　)。

A. 支付的加工费

B. 随同加工费支付的增值税税额

C. 支付的收回后继续加工应税消费品的委托加工物资的消费税税额

D. 支付的收回后直接销售的委托加工物资的消费税税额

8. 下列项目中,应构成一般纳税企业委托加工物资成本的有(　　　　)。

A. 发出用于加工的材料成本　　　　　　B. 支付的加工费

C. 支付的往返运杂费　　　　　　　　　D. 支付的加工物资的增值税税款

E. 支付的加工物资收回后直接用于销售的消费税税款

9. 小规模纳税企业委托其他单位加工材料收回后用于直接对外出售的,其发生的下列支出中,应计入委托加工物资成本的有(　　　　)。

A. 加工费　　　　　　　　　　　　　　B. 增值税税额

C. 发出材料的实际成本　　　　　　　　D. 受托方代收代交的消费税税额

10. 下列各项存货中,属于周转材料的有(　　　　)。

A. 委托加工物资　　　　　　　　　　　B. 包装物

C. 低值易耗品　　　　　　　　　　　　D. 委托代销商品

11. 下列各项中,应计入销售费用的有(　　　　)。

A. 随同商品出售不单独计价的包装物成本

B. 随同商品出售单独计价的包装物成本

C. 领用的用于出借的新包装物成本

D. 对外销售的原材料成本

12. 企业进行存货清查时,对于盘亏的存货,要先记入"待处理财产损溢"账户,经过批准后根据不同的原因可以分别记入(　　　　)账户。

A. "管理费用"   B. "其他应付款"

C. "营业外支出"   D. "其他应收款"

13. 对存货实行定期盘存制的企业,确定当期耗用或销售存货成本时,主要依据( )等因素。

A. 期初结存存货   B. 本期购入存货

C. 本期发出存货   D. 期末结存存货

14. 下列会计处理中,正确的有( )。

A. 为特定客户设计产品发生的可直接确定的设计费用计入相关产品成本

B. 由于管理不善造成的存货净损失计入管理费用

C. 销售库存商品结转的相关存货跌价准备冲减资产减值损失

D. 非正常原因造成的存货净损失计入营业外支出

15. 下列项目中,计算为生产产品而持有的材料的可变现净值时,不会影响其可变现净值的因素有( )。

A. 材料的账面成本

B. 估计发生的销售产品的费用及相关税费

C. 材料的售价

D. 估计发生的销售材料的费用及相关税费

16. 下列项目中,应确认为购货企业存货的有( )。

A. 销售方已确认销售,但尚未发运给购货方的商品

B. 购销双方已签协议约定,但尚未办理购买手续的商品

C. 未收到销售方结算发票,但已运抵购货方验收入库的商品

D. 购货方已付款购进,但尚在运输途中的商品

三、判断题

1. 工业企业购入材料和商业企业购入商品所发生的运杂费、保险费等均应计入存货成本。
( )

2. 商品流通企业在采购商品时,如果发生的进货费用金额较小,可以将该费用在发生时直接计入当期损益。( )

3. 某一酒类生产厂家所生产的白酒在储存 3 个月之后才符合产品质量标准,该储存期间所发生的储存费用应计入当期管理费用。( )

4. 企业接受的投资者投入的商品应是按照该商品在投出方的账面价值入账。( )

5. 投资者投入的存货成本,一律按投资合同或协议约定的价值确定。( )

6. 存货的成本是指存货的采购成本。( )

7. 企业购入材料运输途中发生的合理损耗应计入材料成本,但不需单独进行账务处理。
( )

8. 企业发生的产品设计费用应计入存货的成本。( )

9. 在购买原材料时,如果期末原材料已到达且已验收入库,但发票账单未到,那么企业可以先不进行会计处理,等到下月发票账单到达以后再进行会计处理。( )

10. 采用计划成本法进行材料日常核算的,结转入库材料的材料成本差异时,无论是节约差异还是超支差异,均记入"材料成本差异"科目的借方。　　　　　　　　　　（　　）

11. 在计划成本法核算材料的情况下,对于发出材料应负担的成本差异,可以在季末或年末一次进行计算。　　　　　　　　　　　　　　　　　　　　　　　　　　（　　）

12. 生产领用的包装物,应将其成本计入制造费用;随同商品出售但不单独计价的包装物,应将其成本计入当期其他业务成本;随同商品出售并单独计价的包装物,应将其成本计入当期销售费用。　　　　　　　　　　　　　　　　　　　　　　　　　　　　　　　（　　）

13. 甲企业因出租的包装物逾期未能收回而没收的押金收入应记入"营业外收入"科目。
　　　　　　　　　　　　　　　　　　　　　　　　　　　　　　　　　　　　（　　）

14. 某商场采用售价金额核算法对库存商品进行核算,月初库存商品的售价金额为 9 万元,"商品进销差价"科目月初余额为 3 万元,本月购进商品的进价成本为 8 万元,售价金额为 11 万元,本月的销售收入为 15 万元,假定不考虑增值税,该商场月末库存商品的实际成本为 3.5 万元。　　　　　　　　　　　　　　　　　　　　　　　　　　　　　　（　　）

15. 因遭受意外灾害发生的损失和尚待查明原因的途中损耗,应计入物资的采购成本。
　　　　　　　　　　　　　　　　　　　　　　　　　　　　　　　　　　　　（　　）

16. 企业持有存货的目的不同,确定存货可变现净值的计算方法也不同。　　　（　　）

17. 成本与可变现净值孰低法中的"成本"是指存货的历史成本。　　　　　（　　）

18. 会计期末,在采用成本与可变现净值孰低原则对材料进行计量时,对用于生产而持有的材料等,可直接将材料的成本与材料的市价相比较。　　　　　　　　　　　　（　　）

四、业务处理题

1. 某企业 5 月初结存原材料的计划成本为 100 000 元;本月购入材料的计划成本为 200 000 元,实际成本为 204 000 元;本月发出材料的计划成本为 200 000 元,其中生产车间直接耗用 120 000 元,管理部门耗用 80 000 元。材料成本差异的月初数为 2 000 元(超支)。

要求:

(1) 计算材料成本差异率。

(2) 计算发出材料应负担的成本差异。

(3) 计算发出材料的实际成本。

(4) 计算结存材料的实际成本。

(5) 编制材料领用以及期末分摊材料成本差异的会计分录。

2. 某增值税一般纳税企业甲公司对存货项目采用计划成本法核算。本期从 A 企业购入一批材料 1 000 千克,实际支付价款 11 000 元,支付增值税进项税额 1 430 元。所购材料到达后验收发现短缺 100 千克,其中 5 千克属于定额内的合理损耗,50 千克属于对方单位少发货,另 45 千克的短缺尚待查明原因。该批材料的计划成本为每千克 10 元。期末查明原因,发现这 45 千克是运输途中发生的意外毁损,保险公司负责赔偿 40 千克损失部分。

要求:根据上述资料,编制相关会计分录。

3. 华兴公司原材料按实际成本核算。1 月 1 日结存 A 材料 100 千克,每千克实际成本为 100 元。本月发生如下有关业务:

(1) 3 日,购入 A 材料 50 千克,每千克实际成本为 105 元,材料已验收入库。

(2) 12 日,购入 A 材料 70 千克,每千克实际成本为 98 元,材料已验收入库。

(3) 25 日,发出 A 材料 180 千克。

要求:

(1) 根据上述资料,采用先进先出法计算 25 日 A 材料发出及结存的成本。

(2) 根据上述资料,采用月末一次加权平均法计算 25 日 A 材料发出及结存的成本。

4. 某工业企业为增值税一般纳税企业,材料按计划成本计价核算。甲材料计划单位成本为每千克 10 元。该企业 4 月份有关资料如下:

(1)"原材料"账户月初余额为 40 000 元,"材料成本差异"账户月初贷方余额为 500 元,"材料采购"账户月初借方余额为 10 600 元(上述账户核算的均为甲材料)。

(2) 4 月 5 日,企业上月已付款的甲材料 1 000 千克如数收到,已验收入库。

(3) 4 月 15 日,从外地 A 公司购入甲材料 6 000 千克,取得的增值税专用发票上注明材料价款为 59 000 元,增值税税额为 7 670 元,企业已用银行存款支付上述款项,材料尚未到达。

(4) 4 月 20 日,从 A 公司购入的甲材料到达,验收入库时发现短缺 40 千克,经查明为途中定额内自然损耗。按实收数量验收入库。

(5) 4 月 30 日,汇总本月发料凭证,本月共发出甲材料 7 000 千克,全部用于产品生产。

要求:根据上述资料,编制相关的会计分录,并计算本月材料成本差异率、本月发出材料应负担的成本差异及月末库存材料的实际成本。

5. 甲工业企业为增值税一般纳税企业,采用实际成本法进行材料日常核算。8 月 1 日有关账户的期初余额如下:

(1) 在途物资 40 000 元。

(2) 预付账款——D 企业 8 000 元。

(3) 委托加工物资——B 企业 5 000 元。

(4) 包装物 20 000 元。

(5) 原材料 80 000 元。

(注:"原材料"账户期初余额中包括上月末材料已到但发票账单未到而暂估入账的 7 000 元。)

8 月份发生如下经济业务:

(1) 1 日,对上月末暂估入账的原材料进行会计处理。

(2) 3 日,在途材料全部收到,验收入库。

(3) 8 日,从 A 企业购入材料一批,取得的增值税专用发票上注明货款为 51 000 元,适用的增值税税率为 13%,另外 A 企业还代垫运费 545 元(增值税专用发票上注明价款为 500 元,增值税税额为 45 元)。货款及增值税税款已用转账支票付讫,材料验收入库。

(4) 13 日,持银行汇票 200 000 元从 C 企业购入材料一批,取得的增值税专用发票上注明货款为 100 000 元,增值税税额为 13 000 元,另支付运费 545 元(增值税专用发票上注明价款为 500 元,增值税税额为 45 元)。材料已验收入库。甲工业企业收回剩余票款并存入银行。

(5) 18 日,收到上月末估价入账的材料发票账单,增值税专用发票上注明货款为 5 000 元,增值税税额为 650 元,开出银行承兑汇票承付。

（6）22 日，收到 D 企业发运来的材料，并验收入库。取得的增值税专用发票上注明货款为 8 000 元，增值税税额为 1 040 元，对方代垫运费 697.6 元（增值税专用发票上注明价款为 640 元，增值税税额为 57.6 元）。为购买该批材料上月曾预付货款 8 000 元，收到材料后用银行存款补付余款。

（7）31 日，根据"发料凭证汇总表"，8 月份基本生产车间领用材料 360 000 元，辅助生产车间领用材料 200 000 元，车间管理部门领用材料 30 000 元，企业行政管理部门领用材料 10 000 元。

（8）31 日，结转本月随同产品出售单独计价的包装物的成本 6 000 元。

要求：根据上述资料，编制相关会计分录（"应交税费"科目要求写出明细科目）。

6. 某公司年末对库存材料进行清查，发现以下情况：

（1）盘盈甲材料 20 吨，单位成本为 500 元/吨。

（2）盘亏乙材料 200 千克，单位成本为 10 元/千克。

（3）盘亏丙材料 400 米，单位成本为 30 元/米。

（4）盘亏丁材料 50 吨，单位成本为 1 000 元/吨。经过调查，以上盘盈盘亏的原因如下：甲材料是由于收发计量造成的；乙材料属于一般经营损失；丙材料是由于保管员王某的过失造成的，判定由其赔偿 800 元，其余的作为企业的损失；丁材料是由于企业失火造成的，由保险公司赔偿 35 000 元，残料价值为 2 000 元，其余由公司承担。

要求：根据上述资料，编制相关会计分录（不考虑税金）。

7. 某商场为增值税一般纳税人，采用售价金额核算法进行核算。该商场 2 月份期初库存日用百货的进价成本为 30 万元，售价为 40 万元，本期购入日用百货的进价成本为 270 万元，售价为 360 万元，本期销售收入为 340 万元。

要求：

（1）计算该商场 2 月份商品的进销差价率。

（2）计算该商场 2 月份已销日用百货的实际成本。

（3）计算该商场 2 月末库存日用百货的实际成本。

8. 某商场为增值税一般纳税人，采用毛利率法进行核算。该商场月初库存日用百货的进价成本为 30 万元，售价为 40 万元，本期购入日用百货的进价成本为 270 万元，本期销售收入为 340 万元（含销售折让 10 万元）。

要求：

（1）计算该商场本月商品的销售毛利率。

（2）计算该商场本月已销日用百货的实际成本。

（3）计算该商场本月末库存日用百货的实际成本。

9. 甲企业委托乙企业加工用于连续生产的应税消费品，甲、乙两企业均为增值税一般纳税人，适用的增值税税率均为 13%，适用的消费税税率均为 10%，甲企业对原材料按实际成本法进行核算，收回加工后的 A 材料用于继续生产应税消费品——B 产品。有关资料如下：

（1）11 月 2 日，甲企业发出加工材料 A 材料一批，实际成本为 620 000 元。

（2）12 月 20 日，甲企业以银行存款支付乙企业加工费 100 000 元（不含增值税税款）以及相应的增值税和消费税。

（3）12月25日，甲企业以银行存款支付往返运输费20 000元和增值税税额1 800元。

（4）12月31日，A材料加工完成，已收回并验收入库，甲企业收回的A材料用于生产合同所需的B产品1 000件，B产品合同价格为1 200元/件。

（5）12月31日，库存的A材料预计市场销售价格为70万元，加工成B产品估计至完工尚需发生加工成本50万元，预计销售B产品所需的税金及费用为5万元，预计销售库存A材料所需的销售税金及费用为2万元。

要求：

（1）编制甲企业委托加工材料的有关会计分录。

（2）计算甲企业12月31日对该存货应计提的存货跌价准备，并编制相关会计分录。

10. 天地公司属于商品流通企业，为增值税一般纳税人，售价中不含增值税。该公司只经营甲类商品并采用毛利率法对发出商品计价，季度内各月份的毛利率根据上季度实际毛利率确定。该公司第一季度、第二季度甲类商品有关的资料如下：

（1）第一季度累计销售收入为1 000万元、销售成本为800万元，3月末库存商品实际成本为500万元。

（2）第二季度购进甲类商品成本为900万元。

（3）4月份实现商品销售收入300万元。

（4）5月份实现商品销售收入350万元。

（5）假定6月末按一定方法计算的库存商品实际成本为600万元。

要求：

（1）计算天地公司甲类商品第一季度的实际毛利率。

（2）分别计算天地公司甲类商品4月份、5月份、6月份的商品销售成本。

11. 鸿达公司是一家生产电子产品的上市公司，为增值税一般纳税企业。12月31日，该公司期末存货有关资料如下：

（1）产成品甲，账面余额为500万元，按照一般市场价格预计售价为550万元，预计销售费用和相关税费为10万元，已计提存货跌价准备20万元。

（2）产成品乙，账面余额为400万元，其中有20%已签订销售合同，合同价款为80万元；另有80%未签订合同，按照一般市场价格预计销售价格为350万元。产成品乙的预计销售费用和相关税费为15万元，未计提存货跌价准备。

（3）因产品更新换代，材料丙已不适应新产品的需要，准备对外销售。丙材料的账面余额为220万元，预计销售价格为210万元，预计销售费用及相关税费为10万元，未计提存货跌价准备。

（4）材料丁30吨，每吨实际成本为1 500元。30吨丁材料全部用于生产A产品20件，A产品每件加工成本为1 000元，现有7件已签订销售合同，合同规定每件为4 000元，每件一般市场售价为3 500元，假定销售税费均为销售价格的10%。丁材料未计提存货跌价准备。

（5）对存货按单项计提存货跌价准备，按年计提跌价准备。

要求：根据上述资料，计算存货的期末可变现净值和应计提的跌价准备，并编制相关的会计分录。

五、案例分析题

1. 某公司从事电路板生产,财务人员一般在与客户对账,核对商品数量、金额后才确认收入,因为公司的收入确认时点问题,期末发出未确认收入的商品金额非常大,发出商品计价方式有以下两种思路:

(1) 采用个别计价法,对发出商品编制明细表,根据当月产成品加权成本,确认当月发出商品期末余额,次月待财务人员与对方对账确认后,按以上发出商品明细,结转发出商品成本。

(2) 采用加权平均法,次月根据当月发出商品余额加期初发出商品余额,计算发出商品加权单位成本,待财务人员与对方对账确认后,根据加权单价乘以对账面积,结转发出商品成本。

思考分析:公司应该对发出商品采用那种计价方式更好。

2. 影视后期制作公司可循环利用的素材制作成本耗资较大,且无法预计该素材的使用次数。会计上如何入账?

观点 1:确认为一项存货(周转材料),假定一定期间进行分摊;

观点 2:价值较大,使用时间长,确认为一项无形资产。

思考分析:你认为上述观点正确吗,为什么?

一、单项选择题

1. 下列项目中,不应计入固定资产入账价值的是(　　)。

A. 生产用固定资产购入时缴纳的增值税税款

B. 固定资产安装过程中发生的各种材料、工资等费用

C. 固定资产改良过程发生的人工费

D. 固定资产改良过程中发生的材料费

2. 企业接受投资者投入的一项固定资产,应按(　　)作为入账价值。

A. 公允价值

B. 投资方的账面原值

C. 投资合同或协议约定的价值(但合同或协议约定的价值不公允的除外)

D. 投资方的账面价值

3. 甲公司为增值税一般纳税人,5月采用自营方式建造一厂房,实际领用工程物资 400 万元;另外领用本公司外购的产品一批,账面价值为 240 万元,该产品适用的增值税税率为 13%;发生在建工程人员工资 171 万元。假定该厂房已达到预定可使用状态,不考虑除增值税以外的其他相关税费,则该厂房的入账价值为(　　)万元。

A. 922 　　　　　　B. 851.8 　　　　　　C. 811 　　　　　　D. 751

4. 采用出包方式建造固定资产时,对于按合同规定预付的工程价款应借记(　　)科目。

A. "在建工程"　　　B. "固定资产"　　　C. "工程物资"　　　D. "预付账款"

5. 下列固定资产中,不应计提折旧的是(　　)。

A. 正处于大修理期间的固定资产

B. 当月减少尚未提足折旧的固定资产

C. 持有待售的固定资产

D. 尚未竣工,但已达预定使用状态的固定资产

6. 下列固定资产中,应计提折旧的是(　　)。

A. 采用短期租赁方式租入的固定资产　　B. 季节性停用尚未提足折旧的固定资产

C. 正在改扩建的固定资产　　　　　　　D. 融资租出的固定资产

7. 如果不考虑固定资产的减值准备,则每期折旧额相等的折旧方法是(　　)。

A. 工作量法　　　　　　　　　　　　　B. 双倍余额递减法

C. 年数总和法　　　　　　　　　　　　D. 平均年限法

8. 实行( )计提折旧的资产,一般应在固定资产折旧年限到期前两年内,将固定资产的净值扣除预计残值后的净额平均摊销。

    A. 工作量法   B. 双倍余额递减法

    C. 年数总和法   D. 平均年限法

9. 某项固定资产的原值为 1 000 万元,预计净残值率为 10%,预计使用年限为 5 年,那么在年数总和法下第四年计提的折旧费为( )万元。

    A. 120   B. 240   C. 133.33   D. 266.67

10. W 企业购进设备一台,设备的入账价值为 172 万元,预计净残值为 16 万元,预计使用年限为 5 年。在采用年数总和法计提折旧的情况下,该项设备第二年应提折旧额为( )万元。

    A. 40   B. 41.6   C. 30   D. 45.87

11. 6 月 20 日,甲企业自行建造的一条生产线投入使用,该生产线建造成本为 740 万元,预计使用年限为 5 年,预计净残值为 20 万元。在采用年数总和法计提折旧的情况下,当年该设备应计提的折旧额为( )万元。

    A. 240   B. 140   C. 120   D. 148

12. 2022 年 1 月 1 日,某企业购入一台设备交付使用,价值为 630 000 元,采用年数总和法计提折旧,预计使用 4 年,预计净残值为 30 000 元。该台设备 2022 年应计提折旧额为( )元。

    A. 240 000   B. 220 000   C. 180 000   D. 65 000

13. 2021 年 11 月 1 日,某企业购入一项固定资产,原价为 498 万元,预计使用年限为 5 年,预计净残值为 30 万元,按年数总和法计提折旧。该固定资产 2022 年应计提的折旧额为( )万元。

    A. 148.6   B. 153.4   C. 145.2   D. 192.56

14. 2022 年 9 月 9 日,某企业自行建造设备一台,购入工程物资价款为 580 万元,进项税额 75.4 万元;领用生产用原材料成本为 3 万元,原进项税额为 0.39 万元;领用自产产品成本为 5 万元,计税价格为 6 万元,适用的增值税税率为 13%;支付的相关人员工资为 12 万元。2022 年 10 月 28 日完工投入使用,预计使用年限为 5 年,预计净残值为 20 万元。在采用双倍余额递减法计提折旧的情况下,该设备 2023 年应计提折旧额为( )万元。

    A. 144   B. 134.4   C. 240   D. 224

15. 某项固定资产的原始价值为 600 000 元,预计可使用年限为 5 年,预计净残值为 50 000 元。企业对该项固定资产采用双倍余额递减法计提折旧,则第 4 年对该项固定资产应计提的折旧额为( )元。

    A. 39 800   B. 51 840   C. 20 800   D. 10 400

16. 资产减值是指资产的( )低于其账面价值的情况。

    A. 可变现净值   B. 可收回金额

    C. 预计未来现金流量现值   D. 公允价值

17. 当有迹象表明企业已经计提了减值准备的固定资产减值因素消失时,其计提的减值准备应该( )。

A. 按照账面价值超过可收回金额的差额全部予以转回

B. 按照账面价值超过可收回金额的差额补提资产减值准备

C. 不进行账务处理

D. 按照账面价值超过可收回金额的差额在原来计提的减值准备范围内予以转回

18. 12 月 31 日,甲企业对其拥有的一台机器设备进行减值测试时发现,该资产如果立即出售可以获得 920 万元的价款,发生的处置费用预计为 20 万元;如果继续使用,在该资产使用寿命终结时的现金流量现值为 888 万元。该资产目前的账面价值是 910 万元,甲企业在 12 月 31 日应该计提的固定资产减值准备为(   )万元。

A. 10   B. 20   C. 12   D. 2

19. 甲公司于 2020 年 3 月用银行存款 6 000 万元购入不需安装的生产用固定资产。该固定资产预计使用寿命为 20 年,预计净残值为零,按直线法计提折旧。2020 年 12 月 31 日,该固定资产预计可收回金额为 5 544 万元,2021 年 12 月 31 日该固定资产预计可收回金额为 5 475 万元,假设该公司其他固定资产无减值迹象,则 2022 年 1 月 1 日甲公司固定资产减值准备账面余额为(   )万元。

A. 0   B. 219   C. 231   D. 156

20. 长虹公司于 2019 年 12 月份购入一台设备,实际成本为 50 万元,估计使用年限为 5 年,估计净残值为零,采用直线法计提折旧。2020 年年末,对该设备进行检查,估计其可收回金额为 36 万元。2021 年年末,再次检查估计该设备可收回金额为 30 万元,则 2021 年年末应调整资产减值损失的金额为(   )万元。

A. 6   B. 7   C. 3   D. 0

21. 东风公司 2019 年 9 月初增加小轿车一辆,该项设备原值为 88 000 元,预计可使用 8 年,净残值为 8 000 元,采用直线法计提折旧。至 2021 年年末,对该项设备进行检查后,估计其可收回金额为 59 750 元,减值测试后,该固定资产的折旧方法、年限和净残值等均不变。则 2022 年应计提的固定资产折旧额为(   )元。

A. 10 000   B. 8 250   C. 11 391.3   D. 9 000

22. 某企业对一条生产线进行改建,该设备的原始价值为 1 000 万元,已经计提折旧 500 万元,在改建过程中发生支出共计 500 万元,同时替换拆下一台设备,该设备账面原值为 300 万元,将其出售取得价款 500 万元,则改建后该生产线的入账价值为(   )万元。

A. 500   B. 1 000   C. 1 200   D. 850

23. 下列各项固定资产后续支出中,不能资本化的支出是(   )。

A. 资产生产的产品质量提高

B. 资产的生产能力增大

C. 恢复或保持资产的原有性能标准,以确保未来经济效益的实现

D. 资产的估计使用年限延长

24. 企业的固定资产在盘盈时,应该通过(   )科目进行核算。

A. "待处理财产损溢"   B. "以前年度损益调整"

C. "资本公积"   D. "营业外收入"

25. 某公司一台设备的账面原值为 200 000 元,预计净残值率为 5%,预计使用年限为 5

年,采用双倍余额递减法按年计提折旧。该设备在使用 3 年 6 个月后提前报废,报废时发生清理费用 2 000 元,取得残值收入 5 000 元,则该设备报废对企业当期税前利润的影响额为减少( )元。

A. 40 200 　　　　 B. 31 900 　　　　 C. 31 560 　　　　 D. 38 700

26. 某公司于 2022 年 3 月购入设备一台,实际支付 67.8 万元(增值税专用发票注明价格为 60 万元,增值税税额为 7.8 万元),支付运费 2.18 万元(增值税专用发票注明价格为 2 万元,增值税税额为 0.18 万元),支付保险费 3.18 万元(增值税专用发票注明价格为 3 万元,增值税税额为 0.18 万元)。该设备预计可使用 4 年,无残值。该企业固定资产折旧采用年数总和法计提。由于操作不当,该设备于 2022 年年末报废,责成有关人员赔偿 3 万元,收回变价收入 2 万元,则该设备的报废净损失为( )万元。

A. 36 　　　　 B. 40.5 　　　　 C. 39 　　　　 D. 42.5

27. 企业进行财产清查时盘亏设备一台,其账面原值为 25 000 元,已计提折旧 18 000 元,计提的固定资金减值准备为 2 000 元,则应记入"待处理财产损溢"科目的金额为( )元。

A. 5 000 　　　　 B. 7 000 　　　　 C. 23 000 　　　　 D. 9 000

28. 甲公司出售设备一台,售价为 14 万元,该设备的原价为 15 万元,已提折旧 2.5 万元。假设不考虑相关税费,本期出售该设备影响当期损益的金额为( )万元。

A. 15.5 　　　　 B. 16.5 　　　　 C. 14 　　　　 D. 1.5

29. 2023 年 1 月 1 日,甲公司从乙公司租入一台设备,租赁期限为 3 年,设备租金为每年 40 万元,于每年年末支付。为租入该项设备发生的初始直接费用为 1 万元,甲公司将该设备作为使用权资产入账。假定不考虑其他支出,租赁内含利率为 7%,$[(P/A,7\%,3)=2.624\,3;$ $(P/F,7\%,3)=0.816\,3]$,甲公司为此项租赁行为确认的使用权资产金额为( )万元。

A. 105.97 　　　　 B. 107 　　　　 C. 104.97 　　　　 D. 120

30. 甲公司向乙公司租入临街商铺,租期五年,自 2023 年 1 月 1 日至 2027 年 12 月 31 日,每年租金为 30 万元,于每年年末支付。合同中并未说明相关的租赁内含利率,银行同期增量借款利率为 8%。不考虑其他因素,则甲公司对该项租赁应确认的租赁负债金额为( )万元。$[已知(P/A,8\%,5)=3.992\,7]$

A. 119.78 　　　　 B. 150 　　　　 C. 30 　　　　 D. 0

31. 甲公司向乙公司租入一艘货船,租赁合同约定:租赁期自 2021 年 1 月 1 日至 2022 年 12 月 31 日,每年租金为 200 万元,于每年年末支付。甲公司无法确定租赁内含利率,其增量借款利率为 6%。假定不考虑其他因素,甲公司 2021 年应计入财务费用的金额为( )万元。$[已知(P/A,6\%,2)=1.833\,4]$

A. 24 　　　　 B. 18 　　　　 C. 22 　　　　 D. 20

二、多项选择题

1. 下列各项中,属于固定资产特征的有( )。

A. 为生产商品、提供劳务而持有的资产 　　　 B. 单位价值在 2 000 元以上的设备

C. 为出租或经营管理而持有的资产 　　　　 D. 使用寿命超过一个会计年度

2. 固定资产按经济用途可以分为( )。

A. 生产经营用固定资产　　　　　　B. 非生产经营用固定资产

C. 使用中的固定资产　　　　　　　D. 未使用的固定资产

3. 下列各项中,不能在"固定资产"账户核算的有(　　　　　)。

A. 购入正在安装的设备　　　　　　B. 短期租入的设备

C. 使用权资产　　　　　　　　　　D. 购入的不需安装的设备

4. 下列税金中,可能计入固定资产入账价值的有(　　　　　)。

A. 一般纳税企业购入固定资产所支付的增值税

B. 契税

C. 耕地占用税

D. 车辆购置税

5. 下列各项中,一定计入固定资产入账价值的有(　　　　　)。

A. 买价　　　　　　B. 运费　　　　　　C. 增值税税款　　　　D. 安装成本

6. 下列项目中,应计入固定资产入账价值的有(　　　　　)。

A. 固定资产达到预定可使用状态前发生的借款手续费用

B. 固定资产安装过程中领用的生产用原材料负担的增值税

C. 固定资产达到预定可使用状态并交付使用后至办理竣工决算手续前发生的借款利息

D. 固定资产改良过程中领用的自产产品负担的消费税

7. 采用自营方式建造生产经营用固定资产的情况下,下列项目中应计入固定资产取得成本的有(　　　　　)。

A. 工程领用本企业商品生产的实际成本

B. 生产车间为工程提供水电等费用

C. 工程在达到预定可使用状态前进行试运转时发生的支出

D. 工程耗用原材料购进时发生的增值税税款

8. 下列各项中,应计入固定资产成本的有(　　　　　)。

A. 固定资产进行日常修理发生的人工费用

B. 固定资产安装过程中发生的人工费用

C. 固定资产达到预定可使用状态后发生的专门借款利息

D. 固定资产达到预定可使用状态前发生的工程物资盘亏净损失

9. 采用自营方式建造厂房的情况下,下列项目中应计入厂房取得成本的有(　　　　　)。

A. 企业行政管理部门为组织和管理生产经营活动而发生的费用

B. 建造期间工程人员的工资

C. 工程领用本企业的商品确认的增值税销项税额

D. 工程耗用的生产用原材料

10. 下列业务中,不通过"在建工程"科目核算的有(　　　　　)。

A. 购入需要安装的设备

B. 购入不需要安装的设备

C. 固定资产达到预定可使用状态前的专门借款利息(未发生中断并符合资本化条件)

D. 固定资产达到预定可使用状态后的利息支出

11. 在固定资产计提折旧时,始终考虑固定资产残值的折旧方法有(　　　　　)。

A. 平均年限法 　　　　　　　　　　　　B. 工作量法

C. 双倍余额递减法 　　　　　　　　　　D. 年数总和法

12. 双倍余额递减法和年数总和法是两种计算折旧的方法,其共同点包括(　　　　　)。

A. 都属于加速折旧的方法 　　　　　　　B. 每期折旧率是固定的

C. 前期的折旧高,后期的折旧低 　　　　D. 都不考虑残值

13. 下列固定资产中,需要计提折旧的有(　　　　　)。

A. 已提足折旧仍然使用的固定资产

B. 短期租出的固定资产

C. 未提足折旧,提前报废的设备

D. 达到预定可使用状态的在建工程转入固定资产后的第二个月

14. 下列固定资产中,应计提折旧的有(　　　　　)。

A. 因季节性或大修理等原因而暂停使用的固定资产

B. 已达到预定可使用状态但尚未投入使用的固定资产

C. 按规定单独估价作为固定资产入账的土地

D. 处置当月尚未提足折旧的固定资产

15. 下列因素中,影响折旧计算的有(　　　　　)。

A. 固定资产的使用寿命 　　　　　　　　B. 固定资产的减值准备

C. 固定资产的净残值 　　　　　　　　　D. 固定资产的原价

16. 下列固定资产计提折旧的方法中,在计算折旧初期就要考虑净残值的有(　　　　　)。

A. 年数总和法 　　　　　　　　　　　　B. 工作量法

C. 双倍余额递减法 　　　　　　　　　　D. 平均年限法

17. 下列关于固定资产折旧的表述中,正确的有(　　　　　)。

A. 管理部门使用的固定资产,其计提的折旧应计入管理费用

B. 销售部门使用的固定资产,其计提的折旧应计入销售费用

C. 经营租出的固定资产,其计提的折旧应计入其他业务成本

D. 自行建造固定资产过程中使用的固定资产(假设只用于建造固定资产),其计提的折旧应计入管理费用

18. 下列有关固定资产折旧的会计处理中,不符合现行规定的有(　　　　　)。

A. 自行建造的固定资产应自办理竣工决算时开始计提折旧

B. 因固定资产改良而停用的生产设备应继续计提折旧

C. 大修理期间固定资产停止折旧

D. 短期租入的固定资产不需要计提折旧

19. 企业在确定固定资产的使用寿命时,应当考虑的因素有(　　　　　)。

A. 预计有形损耗和无形损耗 　　　　　　B. 预计清理净损益

C. 预计生产能力或实物产量 　　　　　　D. 法律或者类似规定对资产使用的限制

20. 可收回金额是按照下列(　　　　　)两者较高者确定的。

A. 长期资产的账面价值减去处置费用后的净额

B. 长期资产的公允价值减去处置费用后的净额

C. 未来现金流量

D. 未来现金流量现值

21. 下列关于固定资产后续支出的表述中,正确的有(   )。

A. 固定资产发生的不符合资本化条件的更新改造支出应当在发生时计入当期管理费用、销售费用或制造费用

B. 固定资产发生的不符合资本化条件的装修费用应当在发生时计入当期管理费用、销售费用或制造费用

C. 固定资产的大修理费用和日常修理费用通常不符合资本化条件,应作为当期费用处理,不得采用预提或待摊方式处理

D. 固定资产发生的符合资本化条件的更新改造支出计入其成本的,同时应终止确认被替换部分的账面价值

22. 下列固定资产的后续支出中,可能记入的会计科目有(   )。

A. "在建工程"   B. "制造费用"   C. "管理费用"   D. "销售费用"

23. "固定资产清理"科目核算的内容包括(   )。

A. 固定资产报废   B. 固定资产出售   C. 固定资产盘盈   D. 固定资产改建

24. 企业经营期间结转固定资产清理净损益时,可能涉及的会计科目有(   )。

A. "管理费用"   B. "营业外收入"

C. "营业外支出"   D. "资产处置损益"

25. 下列固定资产的相关损失项目中,应计入营业外支出的有(   )。

A. 建造过程中的在建工程项目发生某一单项工程毁损损失

B. 经营期间出售固定资产发生的净损失

C. 报废固定资产发生的净损失

D. 经批准结转的固定资产盘亏损失

26. 下列有关固定资产会计处理的说法中,正确的有(   )。

A. 固定资产的入账价值应当包括为取得该固定资产而缴纳的耕地占用税

B. 与固定资产有关的后续支出均应当在发生时计入工程成本

C. 购买固定资产的价款超过正常信用条件延期支付,实质上具有融资性质的,固定资产的成本以购买价款的现值为基础确定

D. 自行建造固定资产的成本,由建造该项资产办理竣工决算手续前所发生的必要支出构成

27. 下列各项中,属于影响固定资产清理净收益的因素有(   )。

A. 转让不动产应缴纳的相关税费   B. 出售固定资产的价款

C. 报废固定资产的原价   D. 损毁固定资产取得的赔款

28. 下列各项中,会引起固定资产账面价值发生变化的有(   )。

A. 计提固定资产减值准备   B. 计提固定资产折旧

C. 固定资产改扩建   D. 固定资产大修理

29. 下列各项中,需要对固定资产账面价值进行调整的有(   )。

A. 对固定资产进行修理　　　　　　B. 对办公楼进行装修符合资本化的部分

C. 对融资租入的固定资产进行改良　D. 计提固定资产减值准备

30. 下列各项中,会引起固定资产账面价值发生增减变化的有(　　　　　)。

A. 购买固定资产时所支付的有关契税、耕地占用税

B. 发生固定资产修理支出

C. 发生固定资产改良支出

D. 对固定资产计提折旧

31. 在租赁期开始日,企业租入的资产可以选择不确认使用权资产和租赁负债的有(　　　　　)。

A. 租赁期不足 12 个月的短期租赁　B. 租赁期大于 12 个月的长期租赁

C. 低价值租赁　　　　　　　　　　D. 高价值租赁

32. 根据《企业会计准则第 21 号——租赁》规定,下列影响使用权资产成本的有(　　　　　)。

A. 租赁负债的初始计量金额

B. 承租资产的公允价值

C. 承租人发生的初始直接费用

D. 在租赁期开始日或之前支付的租赁付款额

33. 根据《企业会计准则第 21 号——租赁》规定,下列有关使用权资产会计处理表述中,不正确的有(　　　　　)。

A. 在租赁期开始日后,承租人应当采用公允模式对使用权资产进行后续计量

B. 承租人对使用权资产不计提折旧

C. 承租人能够合理确定租赁期届满时取得租赁资产所有权的,应当在租赁资产剩余使用寿命内计提折旧

D. 无法合理确定租赁期届满时能够取得租赁资产所有权的,应当在租赁期内计提折旧

34. 承租人在发生的下列支出中,影响使用权资产成本的有(　　　　　)。

A. 租赁负债的初始计量金额

B. 承租人发生的初始直接费用

C. 承租人收到的租赁激励

D. 承租人将租赁资产恢复至租赁条款约定状态预计将发生的成本

35. 2023 年 6 月 20 日,甲公司以租赁方式租入一栋具有使用权的办公楼并开始装修,装修时领用生产材料 80 万元,相关增值税税额 10.4 万元已经抵扣。装修过程中发生有关人员工资等职工薪酬 20 万元。11 月 30 日,该办公楼达到预定可使用状态并交付使用,则下列各项中说法正确的有(　　　　　)。

A. 应确认长期待摊费用 100 万元

B. 确认在建工程 110.4 万元

C. 按租赁期限与预计可使用年限两者孰短进行摊销

D. 按 10 年进行摊销

36. 下列关于租入资产的处理中,正确的有(　　　　　)。

A. 短期租赁和低价值租赁可以不确认使用权资产

B. 租赁负债应当按照租赁期开始日尚未支付的租赁付款额的现值进行初始计量

C. 在租赁期开始日后,承租人应当采用成本模式对使用权资产进行后续计量,并对使用权资产计提折旧

D. 承租人能够合理确定租赁期届满时取得租赁资产所有权的,应当在租赁期与租赁资产剩余使用寿命两者孰短的期间内计提折旧

三、判断题

1. 以一笔款项购入多项没有单独标价的固定资产,应当按照各项固定资产的账面价值比例对总成本进行分配,分别确定各项固定资产的成本。（　　）

2. 企业为取得固定资产而缴纳的契税、耕地占用税和印花税,应计入固定资产入账价值。（　　）

3. 企业固定资产一经入账,其入账价值均不得作任何变动。（　　）

4. 在建工程项目达到预定可使用状态前,试生产产品对外出售取得的收入应冲减在建工程成本。（　　）

5. 采用出包方式自行建造固定资产工程时,预付承包单位的工程价款应通过"预付账款"科目核算。（　　）

6. 已达到预定可使用状态但在年度内尚未办理竣工决算手续的固定资产,应按估计价值暂估入账,并计提折旧,办理竣工决算手续后,如果与原暂估入账的金额不相等,需要调整"固定资产"科目的金额,同时调整已经计提的累计折旧金额。（　　）

7. 企业接受投资者投入的固定资产按照双方确认的价值作为入账价值。（　　）

8. 对于固定资产借款发生的利息支出,在竣工决算前发生的,应予资本化,将其计入固定资产的建造成本;在竣工决算后发生的,则应作为当期费用处理。（　　）

9. 固定资产的各组成部分具有不同使用寿命或者以不同方式为企业提供经济利益,适用不同折旧率或折旧方法的,此时仍然应该将该资产作为一个整体考虑。（　　）

10. 固定资产折旧方法的选择不但影响资产负债表中的资产总额,也影响利润表中的净利润。（　　）

11. 固定资产提足折旧后,不论能否继续使用,均不再计提折旧;提前报废的固定资产,也不再补提折旧。（　　）

12. 企业应当对所有固定资产计提折旧。（　　）

13. 工作量法计提折旧的特点是每年提取的折旧额相等。（　　）

14. 固定资产折旧方法一经确定不得变更。（　　）

15. 企业一般应当按月提取折旧,当月增加的固定资产,当月计提折旧;当月减少的固定资产,当月不提折旧。（　　）

16. 按照《企业会计准则》的规定,已提足折旧的固定资产,不再提折旧;未提足折旧提前报废的固定资产,仍然需要计提折旧,直至提足折旧为止。（　　）

17. 对于季节性停用的固定资产不应该计提折旧。（　　）

18. 对于计提的固定资产减值准备,在以后期间价值恢复时,不转回任何原已计提的减值

准备金额。　　　　　　　　　　　　　　　　　　　　　　　　（　　）

19. 固定资产在计提了减值准备后,未来计提固定资产折旧时,仍然按照原来的固定资产原值为基础计提每期的折旧,不用考虑所计提的固定资产减值准备金额。　　（　　）

20. 企业当期确认的减值损失应当反映于利润表中,而计提的资产减值准备应在资产负债表中反映,作为相关资产的备抵项目。　　　　　　　　　　　　　　　（　　）

21. 固定资产的大修理费用和日常修理费用,应当采用预提或待摊方式处理。　（　　）

22. 正常报废和非正常报废的固定资产均应通过"固定资产清理"科目予以核算。（　　）

23. 企业盘盈盘亏的固定资产先要计入待处理财产损溢,等经过批准后再计入营业外收入或营业外支出。　　　　　　　　　　　　　　　　　　　　　　　　（　　）

24. 出售所有固定资产都要计算缴纳增值税。　　　　　　　　　　　　（　　）

25. 出租人对承租人实行了租赁激励的,应在计算使用权资产成本时将其予以扣除。
　　　　　　　　　　　　　　　　　　　　　　　　　　　　　　（　　）

四、业务处理题

1. 甲公司为一家制造企业。1月1日,向乙公司购进三套不同型号且具有不同生产能力的设备 A、B、C,共支付货款 9 153 000 元(增值税专业发票注明价格为 8 100 000 元,增值税税额为 1 053 000 元),包装费 44 520 元(增值税专用发票注明价格为 42 000 元、增值税税额为 2 520 元),全部以银行存款支付。假定 A、B、C 均满足固定资产的定义和确认条件,公允价值分别为 2 926 000 元、3 594 800 元、1 839 200 元,不考虑其他相关税费。

要求:

(1) 计算确定固定资产 A、B、C 的入账价值。

(2) 编制购入固定资产的会计分录。

2. 甲股份有限公司(以下简称甲公司),属于增值税一般纳税人,适用的增值税税率为13%。甲公司 2020 年至 2022 年与固定资产有关的业务资料如下:

(1) 2020 年 12 月 1 日,甲公司购入一条需要安装的生产线,取得的增值税专用发票上注明生产线价款为 1 000 万元,增值税税额为 130 万元;发生保险费 3 万元,增值税税额为 0.18万元,款项均以银行存款支付;没有发生其他相关税费。

(2) 2020 年 12 月 1 日,甲公司开始以自营方式安装该生产线。安装期间领用生产用原材料实际成本为 12 万元,发生安装工人工资 5 万元,没有发生其他相关税费。该原材料未计提存货跌价准备。

(3) 2020 年 12 月 31 日,该生产线达到预定可使用状态,当日投入使用。该生产线预计使用年限为 6 年,预计净残值为 12 万元,采用年限平均法计提折旧。

(4) 2021 年 12 月 31 日,甲公司在对该生产线进行检查时发现其已经发生减值。甲公司预计该生产线未来 5 年现金流量的现值为 708 万元;该生产线的公允价值减去处置费用后的净额为 600 万元。该生产线的预计尚可使用年限为 5 年,预计净残值为 8 万元,仍采用年限平均法计提折旧。

(5) 2022 年 6 月 30 日,甲公司采用出包方式对该生产线进行改良。当日,该生产线停止使用,开始进行改良。在改良过程中,甲公司以银行存款支付工程总价款 122 万元。

(6) 2022 年 8 月 20 日,改良工程完工验收合格并于当日投入使用,预计尚可使用年限为 8 年,预计净残值为 10 万元,采用年限平均法计提折旧。2022 年 12 月 31 日,该生产线未发生减值。

要求:

(1) 编制 2020 年 12 月 1 日购入该生产线的会计分录。

(2) 编制 2020 年 12 月与安装该生产线相关的会计分录。

(3) 编制 2020 年 12 月 31 日该生产线达到预定可使用状态的会计分录。

(4) 计算 2021 年度该生产线计提的折旧额。

(5) 计算 2021 年 12 月 31 日该生产线应计提的减值准备金额,并编制相应的会计分录。

(6) 编制 2022 年 6 月 30 日该生产线转入改良时的会计分录。

(7) 计算 2022 年 8 月 20 日改良工程达到预定可使用状态后该生产线的成本及 2022 年度该生产线改良后计提的折旧额。

(答案中涉及"应交税费"科目的,必须写出其相应的明细科目及专栏名称)

3. 2021 年 9 月 1 日,公司对一条生产线进行改良,领用一批用于改良的物料价款为 456 300 元,增值税进项税额为 59 319 元,原购入时所支付的运输费为 3 750 元,增值税进项税额为 337.5 元,款项已通过银行支付;生产线安装时,领用本公司原材料一批,价值为 50 971 元,购进该批原材料时支付的增值税进项税额为 6 171 元;领用本公司所生产的产品一批,成本为 48 000 元,计税价格为 50 000 元,增值税税率为 13%,消费税税率为 10%,应付安装工人的工资为 7 200 元;生产线于 12 月份改良完工。该生产线尚可使用年限为 9 年,预计到下次装修还有 8 年,采用直线法计提折旧。假定不考虑其他相关税费。

要求:

(1) 编制生产线改良相关经济业务的会计分录。

(2) 计算 2022 年的折旧费并编制会计分录。

4. 甲公司有生产线一条,原价为 1 400 000 元,预计使用年限为 6 年,预计净残值为零,采用直线法计提折旧。该生产线已使用 3 年,已提折旧为 700 000 元。2022 年 12 月对该生产线进行更新改造,以银行存款支付改良支出 240 000 元。改造后的生产线预计还可使用 4 年,预计净残值为零。

要求:根据上述资料,编制相关会计分录。

5. 甲公司为一家上市公司,其 2019 年到 2023 年与固定资产有关的业务资料如下:

(1) 2019 年 12 月 12 日,丙公司购进一台不需要安装的设备,取得的增值税专用发票上注明设备价款为 605 万元,增值税税额为 78.65 万元,款项以银行存款支付;没有发生其他相关税费。该设备于当日投入使用,预计使用年限为 10 年,预计净残值为 5 万元,采用直线法计提折旧。

(2) 2020 年 12 月 31 日,丙公司对该设备进行检查时,发现其已经发生减值,预计可收回金额为 500 万元;计提减值准备后,该设备原预计使用年限、预计净残值、折旧方法均保持不变。

(3) 2021 年 12 月 31 日,丙公司因生产经营方向调整,决定采用出包方式对该设备进行改良,改良工程验收合格后支付工程价款。该设备于当日停止使用,开始进行改良。

（4）2022 年 3 月 12 日，改良工程完工并验收合格，丙公司以银行存款支付工程总价款 30 万元。当日，改良后的设备投入使用，预计尚可使用年限为 8 年，采用直线法计提折旧，预计净残值为 11 万元。2022 年 12 月 31 日，该设备未发生减值。

（5）2023 年 12 月 31 日，该设备因遭受自然灾害发生严重毁损，丙公司决定进行处置，取得残料变价收入 45 万元，保险公司赔偿款 28.5 万元，发生清理费用 5 万元；款项均以银行存款收付，不考虑其他相关税费。

要求：

（1）编制 2019 年 12 月 12 日取得该设备的会计分录。

（2）计算 2020 年度该设备计提的折旧额。

（3）计算 2020 年 12 月 31 日该设备计提的固定资产减值准备，并编制相应的会计分录。

（4）计算 2021 年度该设备计提的折旧额。

（5）编制 2021 年 12 月 31 日该设备转入改良时的会计分录。

（6）编制 2022 年 3 月 12 日支付该设备改良价款、结转改良后设备成本的会计分录。

（7）计算 2022 年度该设备计提的折旧额。

（8）计算 2023 年 12 月 31 日处置该设备实现的净损益。

（9）编制 2023 年 12 月 31 日处置该设备的会计分录。

6. ABC 股份有限公司购建设备的有关资料如下：

（1）2023 年 1 月 1 日，购置一台需要安装的设备，取得的增值税专用发票上注明设备价款为 680 万元，增值税税额为 88.4 万元，价款及增值税已由银行存款支付。购买该设备支付的运输费为 26.9 万元，增值税税额为 2.421 万元。

（2）该设备安装期间领用工程物资 24 万元；领用生产用原材料一批，实际成本为 3.51 万元；支付安装人员工资 6 万元；发生其他直接费用 3.99 万元。2023 年 3 月 31 日，该设备安装完成并交付使用。

该设备预计使用年限为 5 年，预计净残值为 2 万元，采用双倍余额递减法计提折旧。

（3）2023 年 3 月 31 日，因调整经营方向，将该设备出售，收到价款 306 万元，并存入银行。另外，用银行存款支付清理费用 0.4 万元。假定不考虑与该设备出售有关的税费。

要求：

（1）计算该设备的入账价值。

（2）计算该设备 2021 年、2022 年和 2023 年应计提的折旧额。

（3）编制出售该设备的会计分录。

7. 某企业有关固定资产折旧的资料如下：

（1）该企业 1 月份各部门的折旧额为：生产经营部门 8 321 元，运输车队 2 900 元，管理部门 4 150 元。

（2）1 月 6 日，生产经营部门购进计算机一台，已投入使用，原值为 12 000 元，预计净残值率为 3%，预计使用 5 年，采用双倍余额递减法计提折旧。

（3）1 月 10 日，运输车队购入大货车一辆，主要用于生产车间的原料运输工作，原值为 84 000 元，预计净残值率为 5%，预计总行驶里程为 200 000 公里，2 月份行驶 800 公里，采用工作量法计提折旧。

（4）1月17日,生产经营部门报废机器设备一台,原值为42 000元,预计净残值率为4%,使用期限为10年,实际使用8年零9个月,该设备采用直线法提取折旧。

（5）1月25日,管理部门购进设备一台,已经投入使用,原值为19 200元,预计净残值率为4%,预计使用4年,采用年数总和法提取折旧。

要求:

（1）计算该企业生产经营部门、运输车队、管理部门2月份应该计提的折旧额。

（2）编制该企业2月份提取折旧的会计分录。

8. 华夏公司拥有的甲设备原值为3 000万元,已计提的折旧为800万元,已计提的减值准备为200万元,该公司在2022年12月31日对甲设备进行减值测试,情况如下:如果该公司出售甲设备,买方愿意以1 800万元的销售净价收购;如果继续使用,尚可使用年限为5年,未来5年能给企业带来现金净流量现值为1 820.13万元。

要求:根据上述资料确定该资产是否发生减值;如果发生减值了,计算其减值准备并做出相关的账务处理。（保留两位小数）

9. 甲公司为增值税一般纳税人,与物资、存货及机器设备相关的增值税税率为13%。在生产经营期间以自营方式建造一条生产线和一栋厂房。

2023年1月至6月发生的有关经济业务如下:

1月2日,为购建厂房而购入一宗土地使用权,支付价款5 000万元。

1月10日,为建造生产线购入A工程物资一批,收到的增值税专用发票上注明价款为200万元,增值税额为26万元;为建造厂房购入B工程物资一批,收到的增值税专用发票上注明价款为100万元,增值税税额为13万元;款项已支付。

1月20日,建造生产线领用A工程物资180万元,建造厂房领用B工程物资100万元。

6月30日,建造生产线和厂房的工程人员职工薪酬合计165万元,其中生产线为115万元,厂房为50万元。

6月30日,工程建设期间领用生产用原材料合计为45万元,其中生产线耗用原材料为35万元,厂房耗用原材料为10万元。

6月30日,工程完工后对A工程物资进行清查,发现A工程物资减少2万元,经调查属保管员过失造成,根据企业管理规定,保管员应赔偿0.5万元,剩余A工程物资转用于在建的厂房。建设期内土地使用权摊销额为50万元。

6月30日,生产线和厂房达到预定可使用状态并交付使用。

要求:根据上述资料,编制相关会计分录。

10. 承租人甲公司就某栋建筑物的某一层楼与出租人乙公司签订了为期10年的租赁协议,并拥有5年的续租选择权,将其用作管理用办公楼。有关资料如下:

（1）初始租赁期内的不含税租金为每年50 000元,续租期间为每年55 000元,所有款项应于每年年末支付。

（2）为获得该项租赁,甲公司发生的初始直接费用为20 000元,其中,15 000元为向该楼层前任租户支付的款项,5 000元为向促成此租赁交易的房地产中介支付的佣金。

（3）作为对甲公司的激励,乙公司同意补偿甲公司2 000元的佣金。

（4）在租赁期开始日,甲公司评估后认为,不能合理确定将行使续租选择权,因此,将租赁期确定为 10 年。

（5）甲公司每年年末支付租金，采用直线法计提折旧。

（6）甲公司无法确定租赁内含利率，其增量借款利率为每年 6%，该利率反映的是甲公司以类似抵押条件借入期限为 10 年、与使用权资产等值的相同币种的借款而必须支付的利率。为简化处理，假设不考虑相关税费影响。已知 $(P/A,6\%,5)=4.212\,4$，$(P/F,6\%,5)=0.740\,8$。

要求：根据上述资料，编制相关会计分录。

五、案例分析题

1. 某玻璃原片生产企业报告期内有一固定资产（一条玻璃生产线），折旧年限 10 年，需要冷修（即停工大修）。冷修实际上是将窑体部分拆除重建（已使用年限 8 年），重建期间机器设备（折旧年限 10 年）需要检修更换零件等。一条生产线窑体建造成本约为 7 000 万元，机器设备部分建造成本约为 8 000 万元，冷修花费一般在 8 000 万元左右，其中窑体 7 000 万元，机器设备 1 000 万元。窑体部分按照 8 年的使用年限设计。

思考分析：

（1）你认为之前财务人员对玻璃生产线的账务处理正确吗？

（2）冷修期间（一般是半年），需要将整条生产线转入到在建工程吗？还是仅仅将窑体部分转入到在建工程呢？

2.（1）某公司多年没有认真核对过固定资产，现在公司组织盘点，发现账实严重不符。财务人员的做法是：选择一个时间节点（2 月 1 日），按照固定资产账上的折余值分摊到各个盘点好的固定资产中，折旧清零，2 月开始计提折旧。

（2）公司在举办庆典活动时购入一座雕像花费 20 万元，财务人员将雕像作为固定资产入账。

思考分析：你觉得上述做法合适吗？

3. 公司给员工配置个性化电脑，比如 10 000 元的电脑，公司承担 7 200 元，剩余 2 800 元由员工承担并且从员工的工资里抵扣。等员工离职的之后，员工需要将剩余待折旧金额减去 2 800 元部分的差额，再补给公司，才可以带走电脑。

思考分析：确认固定资产以及员工离职带走固定资产时，分别如何进行账务处理？

4. 某公司老工厂因土地被政府征收，固定资产已被董事会批准报废，已停产封存。目前资产在走评估、挂牌处置等程序，估计该程序持续时间会在半年以上。

思考分析：

（1）在该期间该固定资产是否仍需计提折旧？

（2）若不计提折旧，公司又该如何会计处理？

项目六 无形资产和长期待摊费用核算

一、单项选择题

1. 下列各项中,股份有限公司应作为无形资产入账的是( )。
A. 开办费
B. 为获得土地使用权支付的土地出让金
C. 商誉
D. 开发新技术过程中发生的研究开发费

2. 企业购入或支付土地出让金取得的土地使用权,在已经开发或建造自用项目的,通常在( )科目中核算。
A. "固定资产"
B. "在建工程"
C. "无形资产"
D. "长期待摊费用"

3. 某企业自行研究开发一项专利技术。第一年为研究阶段,发生研究支出 100 万元,第二年进入开发阶段,发生研发支出 300 万元(全部符合资本化条件),于年底开发出一项专利技术并申请了专利,申请专利时支出费用 10 万元,那么该项专利的入账价值为( )万元。
A. 410
B. 310
C. 300
D. 10

4. A 公司为甲、乙两个股东共同投资设立的股份有限公司。经营一年后,甲、乙股东之外的另一个投资者丙要求加入 A 公司。经协商,甲、乙同意丙以一项非专利技术投入,三方确认该非专利技术的价值是 100 万元。该项非专利技术在丙公司的账面余额为 120 万元,市价为 150 万元,那么该项非专利技术在 A 公司的入账价值为( )万元。
A. 100
B. 120
C. 0
D. 150

5. 企业在研发阶段发生的无形资产支出应先记入( )科目。
A. "无形资产"
B. "管理费用"
C. "研发支出"
D. "累计摊销"

6. 3 月 1 日,A 公司开始自行开发成本管理软件,在研究阶段发生材料费用 10 万元,开发阶段发生开发人员工资 100 万元、福利费 20 万元,支付租金 30 万元。开发阶段的支出满足资本化条件。3 月 16 日,A 公司自行开发成功该成本管理软件,并依法申请了专利,支付注册费 1 万元、律师费 2.5 万元,3 月 20 日,A 公司为向社会展示其成本管理软件,特举办了大型宣传活动,支付费用 50 万元,则 A 公司该项无形资产的入账价值应为( )万元。
A. 213.5
B. 3.5
C. 153.5
D. 163.5

7. A 公司于 2021 年 1 月 5 日购入专利权支付价款 225 万元。该无形资产预计使用年限为 7 年,法律规定年限为 5 年。2022 年 12 月 31 日,由于与该无形资产相关的经济因素发生不利变化,致使其发生减值,A 公司估计可收回金额为 90 万元。假定无形资产按照直线法进行摊销。则至 2023 年年底,无形资产的累计摊销额为( )万元。
A. 30
B. 45
C. 135
D. 120

8. 企业摊销自用的、使用寿命确定的无形资产时,借记"管理费用"等科目,贷记(　　)科目。

A. "无形资产"　　　　　　　　B. "累计摊销"

C. "累计折旧"　　　　　　　　D. "无形资产减值准备"

9. 下列各项中,属于无形资产后续支出的是(　　)。

A. 相关宣传活动支出　　　　　　B. 无形资产研究费用

C. 无形资产开发支出　　　　　　D. 无形资产购买价款

10. 无形资产的期末借方余额,是反映企业无形资产的(　　)。

A. 成本　　　　B. 摊余价值　　　　C. 账面价值　　　　D. 可收回金额

11. 在会计期末,股份有限公司所持有的无形资产的账面价值高于其可收回金额的差额,应当记入(　　)科目。

A. "管理费用"　　　　　　　　B. "资产减值损失"

C. "其他业务成本"　　　　　　D. "营业外支出"

12. 甲公司以 250 万元的价格对外转让一项专利权,该项专利权系甲公司以 500 万元的价格购入,购入时该专利权预计使用年限为 10 年,法律规定的有效使用年限为 12 年。转让时该专利权已使用 5 年。假设转让该专利权免征增值税,该无形资产按直线法摊销。假定不考虑其他相关税费。该专利权在第 5 年年末计提减值准备 10 万元。甲公司转让该专利权所获得的净收益为(　　)万元。

A. 12　　　　B. 20　　　　C. 10　　　　D. 32

13. 甲公司出售所拥有的无形资产一项(土地使用权),共收取 330 万元(其中增值税为 30 万元),该无形资产取得时实际成本为 400 万元,已摊销 120 万元,已计提减值准备 50 万元。甲公司出售该项无形资产时应计入当期损益的金额为(　　)万元。

A. —100　　　　B. —20　　　　C. 300　　　　D. 70

14. 某股份有限公司于 2023 年 7 月 1 日,以 47 万元的价格转让一项专利技术。该无形资产系 2020 年 7 月 1 日购入并投入使用,其入账价值为 300 万元,预计使用年限为 5 年,法律规定的有效年限为 6 年,该无形资产按直线法摊销,则转让该无形资产发生的净损失为(　　)万元。(假定不考虑相关税费)

A. 70　　　　B. 73　　　　C. 100　　　　D. 103

15. 下列各项中,说法正确的是(　　)。

A. 使用寿命有限的无形资产的残值,一定为零

B. 对于使用寿命不确定的无形资产,应每年年末进行减值测试

C. 对于使用寿命不确定的无形资产,有证据表明其使用寿命有限时,要对以前没有摊销的年限进行追溯调整

D. 使用寿命有限的无形资产和使用寿命不确定的无形资产,都应在每个会计年度末进行减值测试

16. 企业让渡无形资产使用权形成的租金收入应(　　)。

A. 记入"营业外收入"　　　　　B. 记入"其他业务收入"

C. 冲减"营业外支出"　　　　　D. 记入"主营业务收入"

17. 下列说法中,不正确的是(　　　)。

A. 无形资产的出租收入应当确认为其他业务收入

B. 无形资产的成本应自取得当月进行摊销

C. 无形资产的研究与开发费用应在发生时计入无形资产的成本

D. 转让无形资产所有权时应当将取得的价款扣除该无形资产账面价值及出售相关税费后的差额计入资产处置损益

18. 下列各项中,不会引起无形资产账面价值发生增减变动的是(　　　)。

A. 对无形资产计提减值准备　　　　B. 转让无形资产所有权

C. 摊销无形资产　　　　　　　　　D. 发生无形资产的后续支出

19. 下列各项中,属于长期待摊费用的是(　　　)。

A. 租入的使用权资产发生的改良支出　　B. 自有固定资产的改良支出

C. 管理部门固定资产的日常修理费　　　D. 生产设备的折旧费

二、多项选择题

1. 下列各项中,应确认为无形资产的有(　　　　)。

A. 计算机公司购入的为客户开发的软件

B. 高级专业技术人才

C. 有偿取得一项为期 15 年的高速公路收费权

D. 购买的商标权

2. 外购无形资产的成本,包括(　　　　)。

A. 购买价款

B. 进口关税

C. 除增值税外的相关税费

D. 直接归属于使该项资产达到预定用途所发生的其他支出

3. 甲企业为自行开发专利权而发生的下列费用中,不应计入该专利权入账价值的有(　　　　)。

A. 发生的注册费　　　　　　　　　B. 发生的聘请律师费

C. 研究阶段发生的材料费　　　　　D. 研究阶段发生的研究人员的工资

4. 下列有关土地使用权的会计处理中,正确的有(　　　　)。

A. 土地使用权用于自行开发建造厂房等地上建筑物时,土地使用权与地上建筑物一般应当分别进行摊销和提取折旧

B. 房地产开发企业取得土地用于建造对外出售的房屋建筑物,相关的土地使用权应当计入所建造的房屋建筑物成本

C. 企业改变土地使用权的用途,将其作为用于出租或增值目的时,应将其账面价值转为投资性房地产

D. 企业外购的房屋建筑物支付的价款无法在地上建筑物与土地使用权之间分配的,应当按照《企业会计准则第 4 号——固定资产》的规定,确认为固定资产原价

5. 下列有关无形资产会计处理的表述中,正确的有(　　　　)。

A. 无形资产后续支出应该在发生时计入当期损益

B. 企业自用的、使用寿命确定的无形资产的摊销金额,应该全部计入当期的管理费用

C. 不能为企业带来经济利益的无形资产的摊余价值,应该全部转入当期的管理费用

D. 使用寿命有限的无形资产应当在取得当月起开始摊销

6. 企业按期(月)计提无形资产的摊销,借方科目有可能为(　　　　)。

A. "管理费用"　　　　　　　　　　B. "其他业务成本"

C. "在建工程"　　　　　　　　　　D. "制造费用"

7. 通常情况下,使用寿命有限的无形资产应当在其预计使用年限内摊销。但是,如果预计使用年限超过了相关合同规定的受益年限或法律规定的有效年限,应按以下原则确定摊销年限的有(　　　　)。

A. 合同没有规定受益年限,法律规定有效年限的,摊销年限不应该超过有效年限

B. 合同规定受益年限,法律也规定了有效年限的,摊销年限按照不短于10年摊销

C. 合同规定受益年限,法律也规定了有效年限的,摊销年限按两者中较短者摊销

D. 合同规定受益年限,法律没有规定有效年限的,摊销年限不应当超过受益年限

8. 下列有关无形资产的会计处理中,不正确的有(　　　　)。

A. 转让无形资产使用权所取得的收入应计入营业外收入

B. 使用寿命不确定的无形资产,不应摊销

C. 转让无形资产所有权所发生的支出应计入其他业务成本

D. 购入但尚未投入使用的、使用寿命确定的无形资产的价值不应进行摊销

9. 下列有关无形资产后续计量的说法中,不正确的有(　　　　)。

A. 使用寿命不确定的无形资产,其应摊销的金额应该按照10年进行摊销

B. 无形资产的摊销方法必须采用直线法进行摊销

C. 使用寿命不确定的无形资产应该按照系统合理的方法摊销

D. 企业无形资产的摊销方法应当反映与该项无形资产有关的经济利益的预期实现方式

10. 下列关于无形资产与固定资产核算说法中,正确的有(　　　　)。

A. 计提减值准备的思路相同

B. 固定资产计提折旧与无形资产成本的摊销的处理思路相同

C. 固定资产计提折旧与无形资产摊销的起止时间的确认原则不同

D. 固定资产与无形资产的后续支出的处理思路相同

三、判断题

1. "无形资产"科目的期末借方余额,反映企业无形资产的账面价值。　　　　　　(　　)

2. 企业自行开发无形资产发生的研发支出,无论是否满足资本化条件,均应先在"研发支出"科目中归集。　　　　　　　　　　　　　　　　　　　　　　　　　(　　)

3. 企业外购房屋建筑物所支付的价款中包括土地使用权以及建筑物的价值的,应当全部作为固定资产,按照固定资产确认和计量的原则进行处理。　　　　　　　　　　(　　)

4. 对自行开发并按法律程序申请取得的无形资产,按在研究与开发过程中发生的材料费用、直接参与开发人员的工资及福利费、开发过程中发生的租金、借款费用,以及注册费、聘请

律师费等费用作为无形资产的实际成本。（　　）

5. 已计入各期费用的研究费用,在该项无形资产获得成功并依法申请专利时,再将原已计入费用的研究费用予以资本化。（　　）

6. 无形资产的后续支出应判断是否可以资本化,符合资本化条件的应予以资本化,计入无形资产成本。不符合资本化条件的应直接计入当期费用。（　　）

7. 无法区分研究阶段支出和开发阶段支出,应当将其所发生的研发支出全部资本化,计入无形资产成本。（　　）

8. 土地使用权均作为企业的无形资产进行核算。（　　）

9. 企业的无形资产均应按照直线法进行摊销。（　　）

10. 使用寿命确定的无形资产的摊销应计入管理费用。（　　）

11. 如果合同性权利或其他法定权利能够在到期时因续约等延续,则续约期应该包括在使用寿命的估计当中。（　　）

12. 无形资产的残值都为零。（　　）

13. 无形资产的残值一经确定,不得更改。（　　）

14. 由于出售无形资产属于企业的日常活动,因此出售无形资产所取得的收入应通过"其他业务收入"科目核算。（　　）

15. 无形资产预期不能为企业带来经济利益的,应将无形资产的账面价值转入"管理费用"科目。（　　）

16. 长期待摊费用是指企业已经发生但应由本期和以后各期负担的各项费用。（　　）

17. 企业租入的固定资产发生的维修费,后续期间摊销期限超过一年的,应通过"长期待摊费用"科目核算。（　　）

四、业务处理题

1. 某公司正在研究和开发一项新工艺,2022年1至10月发生的各项研究、调查、试验等费用100万元,2022年10—12月发生材料和人工等各项支出60万元,在2022年9月末,该公司已经可以证实该项新工艺必然开发成功,并满足无形资产确认标准。2023年1—6月又发生材料费用、直接参与开发人员的工资、场地设备等租金和注册费等支出240万元。2023年6月末该项新工艺完成,达到了预定可使用状态。

要求:根据上述资料,编制相关会计分录。

2. 某电子有限公司于2022年1月1日以银行存款300万元购入一项专利权。该项无形资产的预计使用年限为10年,2025年年末预计该项无形资产的可收回金额为100万元,尚可使用年限为5年。另外,该公司2023年1月内部研发成功并可供使用非专利技术的无形资产,其账面价值为150万元,无法预见这一非专利技术为企业带来未来经济利益的期限,2025年年末预计其可收回金额为130万元,预计该非专利技术可以继续使用4年,该企业按直线法摊销无形资产。

要求:计算2025年计提无形资产减值准备和2026年的摊销金额,并编制会计分录。

3. 甲股份有限公司2019年至2022年无形资产业务有关的资料如下:

(1) 2019年12月1日,以银行存款318万元(价格为300万元,增值税税额为18万元)购入一项无形资产(商标权)。该无形资产的预计使用年限为 10 年,采用直线法摊销该无形资产的成本。

(2) 2021 年 12 月 31 日,对该无形资产进行减值测试时,该无形资产的预计未来现金流量现值是 190 万元,公允价值减去处置费用后的金额为 180 万元。减值测试后该资产的使用年限不变。

(3) 2022 年 4 月 1 日,将该无形资产对外出售,取得价款 265 万元(价款为 250 万元,增值税税额为 15 万元)。

要求:

(1) 编制购入该无形资产的会计分录。

(2) 计算 2019 年 12 月 31 日无形资产的摊销金额。

(3) 编制 2019 年 12 月 31 日摊销无形资产的会计分录。

(4) 计算 2020 年 12 月 31 日该无形资产的账面价值。

(5) 计算该无形资产 2021 年年底计提的减值准备金额并编制会计分录。

(6) 计算该无形资产出售形成的净损益。

(7) 编制该无形资产出售的会计分录。

4. L 电子有限公司于 2022 年 1 月 1 日以银行存款 296.8 万元(价格为 280 万元,增值税税额为 16.8 万元)购入一项商标权。该项无形资产的预计使用年限为 10 年,2025 年年末预计该项无形资产的可收回金额为 110 万元,尚可使用年限为 5 年。另外,该公司 2023 年 1 月内部研发成功并可供使用非专利技术的无形资产,其入账价值为 210 万元,且一直(截至 2025 年年末)无法可靠预见这一非专利技术为企业带来未来经济利益的期限,2025 年年末预计其可收回金额为 170 万元,预计该非专利技术可以继续使用 4 年,该企业按直线法摊销无形资产成本。

要求:计算 2025 年年末计提无形资产减值准备和 2026 年的摊销金额,并编制会计分录。

5. 甲企业外购的一项专利权专门用于该企业产品的生产,2022 年年末,甲企业对外购专利权的账面价值进行了检查,发现市场上存在对甲企业产品的销售产生重大不利影响的因素。该专利权入账时原值为 9 000 万元,已累计摊销 3 375 万元(包括 2022 年摊销额),该无形资产按直线法进行摊销,剩余摊销年限为 5 年。按 2022 年年末该项专利权市场的行情,如果此时甲企业将该专利权予以出售,则在扣除发生的律师费和其他相关税费后,可以获得 5 400 万元。但是,如果甲企业继续利用该专利权进行产品生产,则在未来 5 年内预计可获得的未来现金流量的现值为 4 700 万元(假定使用年限结束时处置收益为零)。2023 年 4 月 1 日甲企业将该专利权出售,销售价款 5 800 万元已收存银行。

要求:计算 2022 年计提无形资产减值准备并编制 2023 年出售专利权的会计分录。

五、案例分析题

1. 某企业购买一个软件,需要卖方进行改造,企业按照改造进度情况支付价钱。对已支付款项,应如何账务处理有以下两个思路:

观点 1:认为放在在建工程归集,准备等开发好后转入无形资产;

观点 2:认为计入研发支出,准备等开发好后转入无形资产。

思考分析：以上观点对吗？ 你认为应如何处理？

2. 一家客户购买了大量的用户数据,用于建造分析模型,而且这个数据除了建造这个分析模型以外,以后期间还可以继续建造其他的分析模型。

思考分析：这种情况下,该购买的数据是否可以资本化作为无形资产或长期待摊费用？

投资性房地产核算

一、单项选择题

1. 下列各项中,不属于企业投资性房地产的是(　　)。
A. 房地产开发企业将作为存货的商品房以经营租赁方式出租
B. 企业开发完成后用于出租的房地产
C. 企业持有并准备增值后转让的土地使用权
D. 房地产企业拥有并自行经营的饭店

2. 下列关于企业租出并按出租协议向承租人提供保安和维修等其他服务的建筑物,是否属于投资性房地产的说法中,正确的是(　　)。
A. 所提供的其他服务在整个协议中不重大的,该建筑物应视为企业的经营场所,应当确认为自用房地产
B. 所提供的其他服务在整个协议中如为重大的,应将该建筑物确认为投资性房地产
C. 所提供的其他服务在整个协议中如为不重大的,应将该建筑物确认为投资性房地产
D. 所提供的其他服务在整个协议中无论是否重大,均不将该建筑物确认为投资性房地产

3. 下列关于投资性房地产初始计量的表述中,不正确的是(　　)。
A. 外购的投资性房地产成本由购买价格、相关税费和可直接归属于该资产的其他支出构成
B. 自行建造投资性房地产的成本,由建造该项资产达到可销售状态前所发生的必要支出构成
C. 债务重组取得的投资性房地产按照债务重组的相关规定处理
D. 非货币性资产交换取得的投资性房地产按照非货币性资产交换准则的规定处理

4. 企业对成本模式进行后续计量的投资性房地产摊销时,应该借记(　　)科目。
A. “投资收益”　　　　　　　　　　B. “其他业务成本”
C. “营业外收入”　　　　　　　　　　D. “管理费用”

5. 7月1日,甲公司购入一幢建筑物用于出租,取得的购货发票上注明价款为100万元,增值税税额为9万元,款项以银行存款支付。购入该建筑物发生的契税为2万元也以银行存款支付。该投资性房地产的入账价值为(　　)万元。
A. 102　　　　　　B. 100　　　　　　C. 98　　　　　　D. 111

6. 假定甲公司于2023年1月1日以9 360 000元购入用于出租的建筑物,其预计使用寿命为20年,预计净残值为零,采用直线法按年计提折旧。2023年应计提的折旧额为

（　　）元。

　　A. 468 000　　　　B. 429 000　　　　C. 439 000　　　　D. 478 000

　　7. 企业的投资性房地产采用成本计量模式。1月1日,该企业将一项投资性房地产转换为固定资产。该投资性房地产的账面余额为120万元,已提折旧20万元,已经计提的减值准备为10万元。该投资性房地产的公允价值为75万元。转换日固定资产的入账成本价值为（　　）万元。

　　A. 100　　　　B. 80　　　　C. 90　　　　D. 120

　　8. 存货转换为采用公允价值模式计量的投资性房地产,投资性房地产应当按照转换当日的公允价值计量。转换当日的公允价值小于原账面价值的,其差额通过（　　）科目核算。

　　A. "营业外支出"　　　　　　　　　　B. "公允价值变动损益"

　　C. "投资收益"　　　　　　　　　　　D. "其他业务收入"

　　9. 下列关于投资性房地产后续计量模式转换的说法中,正确的是（　　）。

　　A. 成本模式转为公允价值模式的,应当作为会计估计变更

　　B. 已经采用成本模式计量的投资性房地产,不得从成本模式转为公允价值模式

　　C. 企业对投资性房地产的计量模式可以随意选择

　　D. 已经采用公允价值模式计量的投资性房地产,不得从公允价值模式转为成本模式

　　10. 企业出售、转让、报废投资性房地产时,应当将处置收入计入（　　）。

　　A. 公允价值变动损益　　　　　　　　B. 营业外收入

　　C. 其他业务收入　　　　　　　　　　D. 资本公积

二、多项选择题

　　1. 下列各项中,不属于投资性房地产的有（　　）。

　　A. 房地产企业开发的准备出售的房屋　　B. 房地产企业开发的已出租的房屋

　　C. 企业持有的准备建造房屋的土地使用权　D. 企业以经营租赁方式租入的建筑物

　　2. 将投资性房地产转换为其他资产或者将其他资产转换为投资性房地产,关于转换日的确定,下列表述正确的有（　　）。

　　A. 企业将原本用于出租的房地产改用于经营管理的自用房地产,则该房地产的转换日为房地产达到自用状态,企业开始将房地产用于经营管理的日期

　　B. 房地产开发企业将其持有的开发产品以经营租赁的方式出租,则该房地产的转换日为房地产的租赁期开始日

　　C. 企业将原本用于经营管理的土地使用权改用于资本增值,则该房地产的转换日应确定为自用土地使用权停止自用后的日期

　　D. 企业将原本用于生产商品的房地产改用于出租,则该房地产的转换日为承租人有权行使其使用租赁资产权利的日期

　　3. 下列情况中,企业可将其他资产转换为投资性房地产的有（　　）。

　　A. 原自用土地使用权停止自用改为出租

　　B. 房地产企业将开发的准备出售的商品房改为出租

　　C. 自用办公楼停止自用改为出租

D.　出租的厂房收回改为自用

4.　采用公允价值模式进行后续计量的投资性房地产,应当同时满足的条件有(　　　　　)。

A.　投资性房地产所在地有活跃的房地产交易市场

B.　企业能够从活跃的房地产交易市场上取得同类或类似房地产的市场价格及其他相关信息,从而对投资性房地产的公允价值作出合理的估计

C.　所有的投资性房地产有活跃的房地产交易市场

D.　企业能够取得交易价格的信息

5.　企业将自用房地产或存货转换为采用公允价值模式计量的投资性房地产,下列说法中正确的有(　　　　　)。

A.　自用房地产或存货转换为采用公允价值模式计量的投资性房地产,该项投资性房地产应当按照转换当日的公允价值计量

B.　自用房地产或存货转换为采用公允价值模式计量的投资性房地产,该项投资性房地产应当按照转换当日的账面价值计量

C.　转换当日的公允价值小于原账面价值的,其差额计入公允价值变动损益

D.　转换当日的公允价值小于原账面价值的,其差额计入其他综合收益

6.　下列各项中,不影响企业当期损益的有(　　　　　)。

A.　采用成本计量模式,期末投资性房地产的可收回金额高于账面价值

B.　采用成本计量模式,期末投资性房地产的可收回金额高于账面余额

C.　采用公允价值计量模式,期末投资性房地产的公允价值高于账面余额

D.　自用的房地产转换为采用公允价值模式计量的投资性房地产时,转换日房地产的公允价值大于账面价值

7.　下列关于投资性房地产计量模式的说法中,正确的有(　　　　　)。

A.　已经采用公允价值模式计量的投资性房地产,不得从公允价值模式转为成本模式

B.　已经采用成本模式计量的投资性房地产,不得从成本模式转为公允价值模式

C.　采用公允价值模式计量的,不对投资性房地产计提折旧或进行摊销

D.　企业对投资性房地产计量模式一经确定不得随意变更

8.　下列关于投资性房地产后续计量的说法中,正确的有(　　　　　)。

A.　采用公允价值模式计量的,不对投资性房地产计提折旧或进行摊销

B.　已采用公允价值模式计量的投资性房地产,不得从公允价值模式转为成本模式

C.　已经采用成本模式计量的,可以转为采用公允价值模式计量

D.　采用公允价值模式计量的,应对投资性房地产计提折旧或进行摊销

9.　下列各项中应该记入一般企业"其他业务收入"科目的有(　　　　　)。

A.　出售投资性房地产的收入

B.　经营出租建筑物的租金收入

C.　出售自用房屋的收入

D.　将持有并准备增值后转让的土地使用权予以转让所取得的收入

10.　企业应当在附注中披露与投资性房地产有关的信息有(　　　　　)。

A.　投资性房地产的种类、金额和计量模式

B. 采用成本模式的,投资性房地产的折旧或摊销,以及减值准备的计提情况

C. 房地产转换情况、理由,以及对损益或所有者权益的影响

D. 当期处置的投资性房地产及其对损益的影响

三、判断题

1. 长江公司与远洋集团签订了一项经营租赁合同,远洋集团将其持有的一块土地出租给长江公司,租金为每年 50 万元,租赁期为 8 年。长江公司又将此土地转租给京客隆公司,租金为每年 75 万元,租赁期为 5 年。长江公司在将土地转租给京客隆公司时,应确认为投资性房地产。　　　　　　　　　　　　　　　　　　　　　　　　　　　　　　　　（　　）

2. 企业以长期租赁方式出租建筑物是作为投资性房地产进行核算的。　　　（　　）

3. 期末企业应将投资性房地产的账面余额单独列示在资产负债表上。　　　（　　）

4. 在以成本模式计量的情况下,将作为存货的房地产转换为投资性房地产的,应按其在转换日的账面余额,借记"投资性房地产"科目,贷记"开发产品"等科目。　　（　　）

5. 已采用公允价值模式计量的投资性房地产,不得从公允价值模式转为成本模式。

　　　　　　　　　　　　　　　　　　　　　　　　　　　　　　　　　　　　（　　）

6. 采用公允价值模式计量的投资性房地产转换为自用房地产时,应当以其转换当日的公允价值作为自用房地产的账面价值,公允价值与原账面价值的差额计入当期损益(公允价值变动损益)。　　　　　　　　　　　　　　　　　　　　　　　　　　　　　　　（　　）

7. 自用房地产或存货转换为采用公允价值模式计量的投资性房地产时,投资性房地产应当按照转换当日的公允价值计量,公允价值与原账面价值的差额计入当期损益(公允价值变动损益)。　　　　　　　　　　　　　　　　　　　　　　　　　　　　　　　　　　（　　）

8. 企业采用公允价值模式进行后续计量的,不对投资性房地产计提折旧或进行摊销,应当以资产负债表日投资性房地产的公允价值为基础调整其账面价值,公允价值与原账面价值之间的差额计入其他业务成本或其他业务收入。　　　　　　　　　　　　　　　（　　）

9. 企业不论在成本模式下,还是在公允价值模式下,投资性房地产取得的租金收入,均确认为其他业务收入。　　　　　　　　　　　　　　　　　　　　　　　　　　　（　　）

10. 企业出售投资性房地产或者发生投资性房地产毁损,应当将处置收入扣除其账面价值和相关税费后的金额直接计入所有者权益。　　　　　　　　　　　　　　　（　　）

四、业务处理题

1. 2022 年 4 月 20 日乙公司购买一块土地使用权,购买价款为 2 000 万元,增值税进项税额为 180 万元,支付相关手续费 30 万元,款项全部以银行存款支付。企业购买后立即对外经营租赁。乙公司对该投资性房地产采用公允价值模式进行后续计量。该项投资性房地产于 2022 年取得租金收入为 150 万元,增值税销项税额为 13.5 万元,已存入银行,假定不考虑其他相关税费。经复核,该投资性房地产 2022 年 12 月 31 日的公允价值为 2 000 万元。

要求:根据上述资料,编制相关会计分录。

2. 甲股份有限公司(以下简称甲公司)为华北地区的一家上市公司,甲公司 2020 年至 2022 年与投资性房地产有关的业务资料如下:

（1）2020 年 1 月，甲公司购入一幢建筑物，取得的增值税专用发票上注明价款为 8 000 000 元，增值税进项税额为 720 000 元，款项以银行存款转账支付。不考虑其他相关税费。

（2）甲公司购入的上述用于出租的建筑物预计使用寿命为 15 年，预计净残值为 36 万元，采用年限平均法按年计提折旧。

（3）甲公司将取得的该项建筑物自当月起用于对外经营租赁，甲公司对该房地产采用成本模式进行后续计量。

（4）甲公司该项房地产 2020 年取得租金收入为 900 000 元，增值税销项税额 81 000 元，已存入银行。假定不考虑其他相关税费。

（5）2022 年 12 月，甲公司将原用于出租的建筑物收回，作为企业经营管理用固定资产处理。

要求：

（1）编制甲公司 2020 年 1 月取得该项建筑物的会计分录。

（2）计算 2020 年度甲公司对该项建筑物计提的折旧额，并编制相关的会计分录。

（3）编制甲公司 2020 年取得该项建筑物租金收入的会计分录。

（4）计算甲公司该项房地产 2021 年年末的账面价值。

（5）编制甲公司 2022 年收回该项建筑物的会计分录。

3. 长城房地产公司（以下简称长城公司）于 2019 年 12 月 31 日将一建筑物对外出租并采用公允价值模式计量，租期为 3 年，每年 12 月 31 日收取租金 218 万元（含增值税销项税额 18 万元），出租当日，该建筑物的成本为 2 700 万元，已计提折旧 400 万元，尚可使用年限为 20 年，公允价值为 1 700 万元；2020 年 12 月 31 日，该建筑物的公允价值为 1 830 万元，2021 年 12 月 31 日，该建筑物的公允价值为 1 880 万元；2022 年 12 月 31 日，该建筑物的公允价值为 1 760 万元；2023 年 1 月 5 日，将该建筑物对外出售，收到 2 180 万元（其中增值税销项税额 180 万元）存入银行。

要求：根据上述资料，编制相关会计分录。

五、案例分析题

1. 公司正在开发建造汽博园，开发建造的 4S 店主要用于销售。由于 4S 店销售情况不佳，公司决定将其中两处 4S 店用于出租，由承租方自行装修，租赁期 5 年，另外给两个月装修免租期，但是公司明确表示如果有合适的客户，该 4S 店随时解除合同，进行销售。合同规定的违约成本是本年度已付租金的 2 倍，违约成本不高。

思考分析：这些决定用于出租的 4S 店能否结转为投资性房地产？

2. A 公司是一家房地产公司，2023 年 9 月 30 日将一栋楼房从销售变为出租，A 公司将其从存货调整至投资性房地产。转换日，存货账面价值为 4 000 万元，公允价值为 5 000 万元。

思考分析：

（1）转换时点是否需要确认递延所得税负债？

（2）2023 年 12 月 31 日是否需要确认递延所得税负债？

一、单项选择题

1. 下列各项中,不属于金融资产的是( )。

A. 库存现金　　　　B. 应收账款　　　　C. 基金投资　　　　D. 存货

2. 下列金融资产中,应按公允价值进行初始计量,且交易费用计入当期损益的是( )。

A. 交易性金融资产　　　　　　　　B. 债权投资

C. 应收款项　　　　　　　　　　　D. 其他权益工具投资

3. 3月30日,某股份有限公司以每股12元的价格购入某上市公司股票50万股,划分为交易性金融资产,购买该股票支付手续费等10万元。5月22日,收到该上市公司按每股0.5元发放的现金股利。12月31日该股票的市价为每股11元。12月31日该交易性金融资产的账面价值为( )万元。

A. 550　　　　　　B. 575　　　　　　C. 585　　　　　　D. 610

4. 1月1日,甲公司购入一批股票,作为交易性金融资产核算和管理。实际支付价款100万元,其中包含已经宣告的现金股利1万元。另支付相关费用2万元。均以银行存款支付。假定不考虑其他因素,该项交易性金融资产的入账价值为( )万元。

A. 100　　　　　　B. 102　　　　　　C. 99　　　　　　D. 103

5. 持有交易性金融资产期间被投资单位宣告发放现金股利或在资产负债表日按债券票面利率计算利息时,借记"应收股利"或"应收利息"科目,贷记( )科目。

A. "交易性金融资产"　　　　　　　B. "投资收益"

C. "公允价值变动损益"　　　　　　D. "短期投资"

6. 企业出售交易性金融资产时,应按实际收到的金额,借记"其他货币资金"等科目;按该金融资产的成本,贷记"交易性金融资产(成本)"科目;按该项交易性金融资产的公允价值变动,贷记或借记"交易性金融资产(公允价值变动)"科目;按其差额,贷记或借记( )科目。

A. "公允价值变动损益"　　　　　　B. "投资收益"

C. "其他业务收入"　　　　　　　　D. "营业外收入"

7. 企业发生的下列事项中,影响"投资收益"科目金额的是( )。

A. 交易性金融资产在持有期间取得的现金股利

B. 期末交易性金融资产公允价值大于账面余额

C. 期末交易性金融资产公允价值小于账面余额

D. 交易性金融资产持有期间收到的包含在买价中的现金股利

8. 2022年1月1日,甲公司购入面值为100万元,年利率为4%的A债券;取得时支付价款104万元(含已宣告尚未发放的利息4万元),另支付交易费用0.5万元,甲公司将该项金融资产划分为交易性金融资产。2021年1月5日,收到购买时价款中所含的利息4万元;2022年12月31日,A债券的公允价值为106万元;2023年1月5日,收到A债券2021年度的利息4万元;2023年4月20日,甲公司出售A债券售价为108万元。甲公司出售A债券时确认投资收益的金额为(　　)万元。

    A. 2 　　　　　　　B. 6 　　　　　　　C. 4 　　　　　　　D. 1.5

9. 基于上述第8题,甲公司持有该项交易性金融资产累计的损益为(　　)万元。

    A. 12 　　　　　　B. 11.5 　　　　　C. 16 　　　　　　D. 15.5

10. 下列关于交易性金融资产计量的说法中,正确的是(　　)。

    A. 资产负债表日,企业应将金融资产的公允价值变动计入当期所有者权益

    B. 应当按取得该金融资产的公允价值和相关交易费用之和作为初始确认金额

    C. 处置该金融资产时,其公允价值与账面余额之间的差额应确认为投资收益,不调整公允价值变动损益

    D. 应当按取得该金融资产的公允价值作为确认金额,相关交易费用在发生时计入当期损益

11. 企业在发生以公允价值计量且其变动计入当期损益的金融资产的下列有关业务中,不应贷记"投资收益"科目的是(　　)。

    A. 收到持有期间获得的现金股利

    B. 收到持有期间获得的债券利息

    C. 资产负债表日,持有的股票市价大于其账面价值的差额

    D. 企业转让交易性金融资产收到的价款大于其账面价值的差额

12. 1月1日,甲企业以680万元的价格购进当日发行的面值为600万元的公司债券。其中债券的买价为675万元,相关税费为5万元。该公司债券票面利率为8%,期限为5年,一次还本付息,企业将其分类为债权投资。该企业记入"债权投资"科目的金额为(　　)万元。

    A. 680 　　　　　　B. 600 　　　　　C. 675 　　　　　　D. 670

13. 甲公司将其持有的交易性金融资产全部出售,售价为26 400 000元;出售前该金融资产的账面价值为25 700 000元;甲公司购入该交易性金融资产,支付价款26 000 000元(其中包含已到付息期但尚未领取的债券利息500 000元)。已知转让金融商品适用的增值税税率为6%,不考虑其他因素,该项业务转让金融商品应交增值税为(　　)元。

    A. 39 622.64 　　　B. 700 000 　　　C. 22 641.51 　　　D. 400 000

二、多项选择题

1. 下列各项中,属于金融资产的有(　　　　　)。

    A. 衍生金融资产　　　　　　　　　　B. 持有的其他单位的权益工具

    C. 应收利息　　　　　　　　　　　　D. 贷款

2. 下列项目中,不应计入交易性金融资产取得成本的有(　　　　　)。

A. 支付的购买价格　　　　　　　　B. 支付的相关税金

C. 支付的手续费　　　　　　　　　D. 支付价款中包含的应收利息

3. 企业在购入公司债券作为交易性金融资产时可能用到的借方科目有(　　　　)。

A. "交易性金融资产"　　　　　　　B. "应收利息"

C. "应收股利"　　　　　　　　　　D. "投资收益"

4. 下列各项中,会引起交易性金融资产账面余额发生变化的有(　　　　)。

A. 收到原未计入应收项目的交易性金融资产的利息

B. 期末交易性金融资产公允价值高于其账面余额的差额

C. 期末交易性金融资产公允价值低于其账面余额的差额

D. 出售交易性金融资产

5. 下列各项中,应作为债权投资取得时初始成本入账的有(　　　　)。

A. 投资时支付的不含应收利息的价款

B. 投资时支付的手续费

C. 投资时支付的税金

D. 投资时支付款项中所含的已到期尚未发放的利息

6. 如果债权投资的实际利率等于票面利率,且不存在交易费用时,下列各项中,会引起债权投资账面价值发生增减变动的有(　　　　)。

A. 计提债权投资减值准备　　　　　B. 确认分期付息债券的投资利息

C. 确认到期一次付息债券的投资利息　　D. 出售债权投资

7. 以摊余成本计量的金融资产发生的事项中,会导致其摊余成本发生增减变动的有(　　　　)。

A. 计提减值准备

B. 采用实际利率法摊销利息调整

C. 分期付息的情况下,按照债券面值和票面利率计算的应收利息

D. 到期一次还本付息的情况下,按照债券面值和票面利率计算的应计利息

8. 企业对以公允价值计量且其变动计入当期损益的金融资产进行的下列会计处理,正确的有(　　　　)。

A. 企业划分为以公允价值计量且其变动计入当期损益金融资产的股票、债券,应当按照取得时的公允价值和相关的交易费用作为初始确认金额

B. 支付的价款中包含已宣告但尚未发放的现金股利或债券利息,应当单独确认为应收项目

C. 企业在持有期间取得的利息或现金股利,应当确认为投资收益

D. 资产负债表日,公允价值变动计入当期损益

9. 2022 年 6 月 13 日,甲公司支付价款 212 万元从二级市场购入乙公司发行的 10 万股普通股,每股价格为 21.2 元(其中含已宣告但尚未发放的现金股利 0.2 元/股),另支付交易费用 1 万元,甲公司将该股票投资指定为以公允价值计量且其变动计入当期损益的金融资产。当年年末乙公司股票市价为 23 元/股,2023 年 2 月甲公司以 240 万元的价款处置上述资产,发生交易费用 1.2 万元。下列有关甲公司对该交易性金融资产的处理,说法正确的有(　　　　)。

A. 交易性金融资产的入账价值为 212 万元

B. 上述交易对甲公司 2021 年损益的影响为 19 万元

C. 2023 年交易性金融资产的处置损益为 10 万元

D. 2023 年交易性金融资产的处置投资收益为 8.8 万元

三、判断题

1. 金融资产在初始确认时分为交易性金融资产、债权投资、贷款和应收款项及其他权益工具投资等资产。上述分类一经确定,不得变更。　　　　　　　　　　　　　　（　　）

2. 以公允价值计量且其变动计入当期损益的金融资产包括交易性金融资产和其他债权投资。　　　　　　　　　　　　　　　　　　　　　　　　　　　　　　　　（　　）

3. "交易性金融资产"科目的期末借方余额,反映企业持有的交易性金融资产的成本与市价孰低值。　　　　　　　　　　　　　　　　　　　　　　　　　　　　　　　　（　　）

4. 处置债权投资时,应将所取得价款与该投资账面价值之间的差额计入其他综合收益。　　　　　　　　　　　　　　　　　　　　　　　　　　　　　　　　　　　　（　　）

四、业务处理题

1. 某股份有限公司 2022 年有关交易性金融资产的资料如下:

(1) 3 月 1 日,以银行存款购入 A 公司股票 50 000 股,并准备随时变现,每股买价为 16 元,同时支付相关税费 4 000 元。

(2) 4 月 20 日,A 公司宣告发放的现金股利为每股 0.4 元。

(3) 4 月 21 日,又购入 A 公司股票 50 000 股,并准备随时变现,每股买价为 18.4 元(其中包含已宣告发放尚未支取的股利每股 0.4 元),同时支付相关税费 6 000 元。

(4) 4 月 25 日,收到 A 公司发放的现金股利 20 000 元。

(5) 6 月 30 日,A 公司股票市价为每股 16.4 元。

(6) 7 月 18 日,该公司以每股 17.5 元的价格转让 A 公司股票 60 000 股,扣除相关税费 6 000 元,实得金额为 1 040 000 元(不考虑增值税)。

(7) 12 月 31 日,A 公司股票市价为每股 18 元。

要求:根据上述资料,编制相关会计分录。

2. 某一公司从市场上购入债券并确认为交易性金融资产,有关情况如下:

(1) 2022 年 1 月 1 日购入某公司债券,共支付价款 1 040 万元(含债券应该发放的 2021 年利息),支付交易费用 15 万元。已知该债券面值为 800 万元,于 2021 年 1 月 1 日发行,票面利率为 5%,按年支付利息。

(2) 该公司于 2022 年 1 月 15 日收到该债券 2021 年的利息。

(3) 2022 年 6 月 30 日,该债券的公允价值为 900 万元。

(4) 2022 年 12 月 31 日,该债券的公允价值为 1 200 万元。

(5) 2023 年 1 月 10 日,收到该债券 2022 年利息。

(6) 2023 年 3 月 15 日,该公司将该债券以 1 100 万元价格售出,款项已存入银行(不考虑相关税费)。

要求：根据上述资料,编制相关会计分录。

3. 甲股份有限公司 2023 年 1 月 1 日购入乙公司当日发行的五年期债券,公司将该项资产分类为债权投资。债券的票面利率为 12%,债券面值 1 000 元,企业按 1 050 元的价格购入 80 张。该债券每年年末付息一次,最后一年还本并付最后一次利息,债券的实际利率为 10.66%。假设甲公司按年计算利息,不考虑相关税费。

要求：根据上述资料,作出甲公司有关上述债权投资取得、持有期间、到期收回本金和利息等业务的会计处理(计算结果保留整数)。

五、案例分析题

1. 新金融工具准则下,有人认为股票投资的处理方式只有以下两种方式：

(1) 确认为以公允价值计量且其变动计入当期损益的金融资产,这样每年年报利润表中都会体现公允价值变动；

(2) 指定为非交易性权益工具,这样以后年度即使处置也不会影响净利润。

思考分析：

(1) 是否只有这两种处理方式？

(2) 如果一开始指定为非交易性权益工具,后来改变意图觉得这样战略投资不合适,想改成近期出售,能否重分类为以公允价值计量且其变动计入当期损益的金融资产来计量？

2. 公司购买港股,持股比例在 3% 左右,为取得该项投资,公司还支付了交易征费(给香港证监会)、经纪佣金、通道费和托管费(年付)等费用。

思考分析：上述费用是否可以归入交易费用？

项目九 长期股权投资核算

一、单项选择题

1. 采用成本法核算长期股权投资时，被投资单位发生亏损，投资企业应当（　　）。
   A. 借记"投资收益"
   B. 借记"其他综合收益"
   C. 贷记"长期股权投资"
   D. 不作处理

2. 某企业于 2022 年 6 月 1 日以银行存款取得 M 公司 60% 的股份，构成非同一控制下企业合并。M 公司当年实现净利 1 200 000 元（假定利润均衡实现），2023 年 5 月 20 日宣告分配上年现金股利 480 000 元，该企业当年应确认的投资收益为（　　）元。
   A. 720 000
   B. 288 000
   C. 252 000
   D. 60 000

3. 甲公司和乙公司为两个互不关联的独立企业，甲公司 2023 年 3 月 1 日购入乙公司的股票进行长期投资，企业采用成本法核算，支付价款共计 300 万元，4 月 1 日收到被投资公司宣布发放的 2022 年的现金股利 100 万元，2023 年被投资企业实现利润 200 万元，那么 2023 年年末该企业这项投资的账面价值为（　　）万元。
   A. 300
   B. 200
   C. 500
   D. 400

4. A 公司和 B 公司为两个互不关联的独立企业，A 公司对 B 公司进行投资，持股比例为 70%。截至 2022 年年末该项长期股权投资账户余额为 650 万元，2023 年年末该项投资的减值准备余额为 20 万元，B 公司 2023 年发生亏损 1 000 万元。2023 年年末 A 公司"长期股权投资"的账面价值应为（　　）万元。
   A. 0
   B. 630
   C. 20
   D. −20

5. A、B 两家公司同属甲公司的子公司。A 公司于 2023 年 3 月 1 日以发行本公司股票方式自甲公司取得 B 公司 70% 的股份，构成同一控制下企业合并。A 公司共向甲公司发行了 2 000 万股普通股股票，每股面值为 1 元。B 公司在 2023 年 3 月 1 日相对于最终控制方的所有者权益账面价值总额为 3 000 万元，A 公司该项长期股权投资的成本为（　　）万元。
   A. 1 400
   B. 2 000
   C. 3 000
   D. 2 100

6. A 公司于 2023 年 7 月 22 日以无形资产作为合并对价，取得 B 公司 80% 的股权，构成非同一控制下企业合并。投资日，B 公司所有者权益账面价值总额为 2 000 万元，公允价值为 2 200 万元。A 公司所付出无形资产的账面价值为 3 000 万元（原值 4 000 万元、累计摊销 1 000 万元），公允价值为 3 300 万元。合并过程中另发生审计费和法律咨询费等中介费用 40 万元。不考虑其他因素，则 A 公司对 B 公司投资的初始投资成本为（　　）万元。
   A. 1 640
   B. 3 300
   C. 3 340
   D. 1 760

7. A公司2023年1月取得B公司75%的有表决权股份,A公司能够控制B公司,对其采用成本法后续计量。2023年5月4日,B公司宣告发放2022年现金股利400万元。2023年B公司实现净利润5 000万元。不考虑其他因素,则A公司2023年应确认投资收益为(   )万元。

    A. 0   B. 300   C. 750   D. 4 050

8. 甲公司和乙公司为两个互不关联的独立企业,合并之前不存在投资关系。3月1日,甲公司和乙公司达成合并协议,约定甲公司以固定资产作为合并对价,取得乙公司80%的股权。合并日,甲公司固定资产的账面原价为1 680万元,已计提折旧320万元,已提取减值准备80万元,公允价值为1 100万元;乙公司所有者权益账面价值为1 200万元。合并中,甲公司支付审计费等费用共计15万元。甲公司取得该项长期股权投资时的初始投资成本为(   )万元。

    A. 1 100   B. 1 115   C. 1 200   D. 1 215

9. 甲公司和乙公司为非关联企业。2023年5月1日,甲公司按每股4.5元增发每股面值1元的普通股股票2 000万股,并以此为对价取得乙公司70%的股权;甲公司另以银行存款支付审计费、评估费等共计30万元。2023年5月1日,乙公司可辨认净资产公允价值为12 000万元。甲公司取得乙公司70%股权时的初始投资成本为(   )万元。

    A. 8 400   B. 8 430   C. 9 000   D. 9 030

10. 采用权益法核算长期股权投资,投资持有期间被投资单位实现净利润时,投资方正确的会计处理是(   )。

    A. 借记"长期股权投资——损益调整"科目,贷记"投资收益"科目

    B. 借记"长期股权投资——其他综合收益"科目,贷记"其他综合收益"科目

    C. 借记"应收股利"科目,贷记"投资收益"科目

    D. 借记"应收股利"科目,贷记"长期股权投资"科目

11. 企业采用权益法核算长期股权投资,长期股权投资持有期间被投资单位宣告分配现金股利时,该企业正确的会计处理是(   )。

    A. 借记"长期股权投资"科目,贷记"投资收益"科目

    B. 借记"应收股利"科目,贷记"长期股权投资"科目

    C. 借记"应收股利"科目,贷记"投资收益"科目

    D. 借记"长期股权投资"科目,贷记"其他综合收益"科目

12. 甲公司于2022年1月1日购入乙公司30%的股份,购买价款为3 300万元,并自取得投资之日具有重大影响。取得投资当日,乙公司可辨认净资产公允价值为100 000万元。2022年12月31日乙公司当年实现净利润900万元,宣告发放现金股利400万元。年末甲公司长期股权投资的账面价值为(   )万元。

    A. 3 000   B. 3 300   C. 3 570   D. 3 450

13. 甲公司2022年1月1日以3 015万元的价格购入乙公司30%的股份,购入时乙公司可辨认净资产的公允价值为11 000万元。乙公司2022年实现净利润600万元。甲公司取得该项投资后对乙公司具有重大影响,后续采用权益法进行计量。假定不考虑其他因素,该投资对甲公司2022年度利润总额的影响为(   )万元。

    A. 165   B. 180   C. 465   D. 480

14. 甲企业将其持有的一项以权益法核算的长期股权投资全部出售,取得价款 550 万元,当日办妥手续。出售时,该项长期股权投资的账面价值为 420 万元,其中投资成本为 300 万元,损益调整为 100 万元,可重分类进损益的其他综合收益为 20 万元。不考虑增值税等相关税费及其他因素,则甲企业处置该项投资时影响损益的金额为( )万元。

    A. 550   B. 320   C. 130   D. 150

15. 某企业购入一公司 30% 的股份进行长期投资,采用权益法进行核算,购入时支付价款 11 900 元,同时支付相关税费 100 元,购入时被投资企业公允价值为 50 000 元,1 个月后收到被投资企业投资前发放的股利 1 000 元,则购入时长期股权投资的入账价值为( )元。

    A. 10 900   B. 11 000   C. 15 000   D. 16 000

16. 长期股权投资采用权益法核算时,初始投资成本大于应享有被投资单位可辨认资产公允价值份额之间的差额,正确的会计处理是( )。

    A. 计入投资收益   B. 冲减其他综合收益

    C. 计入营业外支出   D. 不调整初始投资成本

17. 根据《企业会计准则第 2 号——长期股权投资》的规定,长期股权投资采用权益法核算时,下列各项不会引起长期股权投资账面价值减少的是( )。

    A. 被投资单位对外捐赠   B. 被投资单位发生净亏损

    C. 被投资单位计提盈余公积   D. 被投资单位宣告发放现金股利

18. A 公司 2021 年年初按投资份额出资 180 万元对 B 公司进行长期股权投资,占 B 公司股权比例的 40%。当年 B 公司亏损 100 万元;2022 年 B 公司亏损 400 万元;2023 年 B 公司实现净利润 30 万元。2023 年 A 公司计入投资收益的金额为( )万元。

    A. 12   B. 10   C. 8   D. 0

19. 甲公司 2022 年 6 月 1 日购入乙公司股票进行长期投资,取得乙公司 40% 的股权,2022 年 12 月 31 日,该长期股权投资明细科目的情况如下:成本为 600 万元,损益调整(贷方余额)为 200 万元,其他权益变动为 300 万元。假设 2022 年 12 月 31 日该股权投资的可收回金额为 680 万元,2022 年 12 月 31 日下面的有关计提该项长期股权投资减值准备的账务处理正确的是( )。

    A. 借:投资收益   4 200 000

           贷:长期投资减值准备   4 200 000

    B. 借:资产减值损失   2 000 000

           贷:长期股权投资减值准备   2 000 000

    C. 借:投资收益   200 000

           贷:长期股权投资减值准备   200 000

    D. 借:资产减值损失   200 000

           贷:长期股权投资减值准备   200 000

20. 2021 年年初甲公司购入乙公司 30% 的股权,成本为 60 万元,2021 年年末长期股权投资的可收回金额为 50 万元,故计提了长期股权投资减值准备 10 万元,2022 年年末该项长期股权投资的可收回金额为 70 万元,则 2022 年年末甲公司应恢复长期股权投资减值准备( )万元。

    A. 10   B. 20   C. 30   D. 0

21. 下列关于处置长期股权投资的说法中,正确的是(　　　)。

A. 处置时,其公允价值与实际取得价款的差额,应计入当期损益(投资收益)

B. 处置权益法核算的长期股权投资,如果有因被投资单位除净损益以外的所有者权益的其他变动计入所有者权益的,应同时将其按相应比例转入当期损益

C. 处置长期股权投资时,按实际收到的金额,借记"银行存款"等,按账面价值,贷记"长期股权投资"

D. 股权转让日应以被转让股权的所有权上的风险和报酬实质上已转移给购买方为标志

二、多项选择题

1. 长期股权投资核算的方法有(　　　)。

A. 成本法　　　　　B. 权益法　　　　　C. 市价法　　　　　D. 成本与市价孰低法

2. 下列各项中,属于长期股权投资的权益法适用范围的有(　　　)。

A. 投资企业能够对被投资企业实施控制的长期股权投资

B. 投资企业对被投资企业不具有共同控制或重大影响,并且在活跃市场中没有报价、公允价值不能可靠计量的长期股权投资

C. 投资企业对被投资企业具有共同控制的长期股权投资

D. 投资企业对被投资企业具有重大影响的长期股权投资

3. 下列项目中,构成长期股权投资的初始投资成本的有(　　　)。

A. 取得长期股权投资时支付的价款

B. 支付的税金、手续费等费用

C. 取得长期股权投资时支付的已宣告但尚未领取的股利

D. 取得长期股权投资后被投资企业宣告发放的现金股利

4. 企业按成本法核算时,下列事项中不会引起长期股权投资账面价值变动的有(　　　)。

A. 被投资单位以资本公积转增资本　　　B. 被投资单位宣告分派的现金股利

C. 期末计提长期股权投资减值准备　　　D. 被投资单位接受资产捐赠的当时

5. 在成本法核算长期股权投资的情况下,被投资企业分配股利时投资企业可能用到的科目有(　　　)。

A. "投资收益"　　B. "利润分配"　　C. "应收股利"　　D. "营业外收入"

6. 根据《企业会计准则第2号——长期股权投资》的规定,长期股权投资采用成本法核算时,下列各项可能会引起长期股权投资账面价值变动的有(　　　)。

A. 追加投资　　　　　　　　　　　B. 减少投资

C. 被投资企业实现净利润　　　　　D. 被投资企业宣告发放现金股利

7. 2023年6月1日,甲公司以银行存款150万元投资乙公司,持有乙公司有表决权股份的40%,能够对乙公司经营和财务施加重大影响。乙公司2023年6月1日经确认可辨认净资产的账面价值为360万元,公允价值为400万元,则甲公司的下列会计处理中正确的有(　　　)。

A. 确认长期股权投资初始投资成本150万元

B. 确认长期股权投资初始投资成本160万元

  C. 确认投资收益 10 万元

  D. 确认营业外收入 10 万元

  8. 对长期股权投资采用权益法核算时,被投资企业发生的下列事项中,投资企业应该调整长期股权投资账面价值的有(　　　　)。

  A. 被投资企业实现净利润   B. 被投资企业宣告分配现金股利

  C. 被投资企业购买固定资产   D. 被投资企业计提盈余公积

  9. 对股票投资实行权益法核算的,能引起长期股权投资账面价值发生增减变动的事项有(　　　　)。

  A. 转让长期股权投资   B. 被投资企业宣告分派现金股利

  C. 计提长期股权投资减值准备   D. 被投资企业提取盈余公积

  10. 权益法下,下列各项不应计入投资收益的有(　　　　)。

  A. 长期股权投资在持有期间获得的现金股利和利息

  B. 转让长期股权投资时取得的实际价款与其账面价值的差额

  C. 长期股权投资采用权益法下被投资方宣告的现金股利

  D. 被投资方发生净亏损

  11. 采用权益法核算时,下列各项业务发生时中,不会引起投资企业资本公积发生变动的有(　　　　)。

  A. 被投资企业接受非现金资产捐赠   B. 被投资企业以股本溢价转增股本

  C. 被投资企业发放股票股利   D. 被投资企业以盈余公积弥补亏损

  12. 下列项目中,投资企业不应确认为投资收益的有(　　　　)。

  A. 采用成本法核算,被投资企业接受实物资产捐赠

  B. 采用成本法核算,被投资企业宣告发放现金股利

  C. 采用权益法核算,被投资企业宣告分派股票股利

  D. 收到股票投资的现金股利

  13. 企业处置长期股权投资时,正确的处理方法有(　　　　)。

  A. 处置长期股权投资,其账面价值与实际取得价款的差额,应当计入投资收益

  B. 处置长期股权投资,其账面价值与实际取得价款的差额,应当计入营业外收入

  C. 采用权益法核算的长期股权投资,因被投资单位除净损益以外所有者权益的其他变动而计入所有者权益的,处置该项投资时应当将原计入所有者权益的部分按相应比例转入投资收益

  D. 采用权益法核算的长期股权投资,因被投资单位除净损益以外所有者权益的其他变动而计入所有者权益的,处置该项投资时应当将原计入所有者权益的部分按相应比例转入营业外收入

三、判断题

  1. A 公司购入 B 公司 51% 的股份,买价 3 220 000 元,其中含有已宣告发放,但尚未领取的现金股利 8 000 元。那么 A 公司取得长期股权投资的成本为 3 220 000 元。　　　　(　　　)

  2. 长期股权投资采用成本法核算的,应按被投资单位宣告发放的现金股利或利润中属于

本企业的部分,借记"应收股利"科目,贷记"长期股权投资"科目。　　　　　　　(　　)

3. 长期股权投资在成本法核算的情况下,只要被投资企业宣告分派现金股利就应该确认投资收益。　　　　　　　　　　　　　　　　　　　　　　　　　　　　　(　　)

4. 采用成本法核算,投资企业确认的投资收益仅限于所获得的被投资企业在接受投资后产生的累积净利润的分配额。　　　　　　　　　　　　　　　　　　　　　　(　　)

5. 在对长期股权投资进行权益法核算时,对于被投资单位净损益以外所有者权益的其他变动,投资企业都应该按持股比例计算应享有的份额,借记或贷记"其他综合收益"。　(　　)

6. 采用权益法核算长期股权投资时,初始投资成本小于投资时应享有被投资单位可辨认净资产公允价值份额的差额,应记入"营业外收入"科目。　　　　　　　　　　　(　　)

7. 资产负债表日,长期股权投资发生减值的,应按减值的金额,借记"投资收益",贷记"长期股权投资减值准备"。　　　　　　　　　　　　　　　　　　　　　　　　　(　　)

8. 取得长期股权投资时,对于支付的对价中包含的被投资单位已经宣告但尚未发放的现金股利或利润应构成取得长期股权投资的初始投资成本。　　　　　　　　　　　(　　)

9. 无论是成本法还是权益法下,被投资方宣告分派的股票股利,投资企业均不需要作账务处理。　　　　　　　　　　　　　　　　　　　　　　　　　　　　　　　(　　)

四、业务处理题

1. 甲公司和乙公司为非关联企业。有关资料如下:

(1) 2022 年 1 月 2 日,甲公司以每股 10 元的价格购入乙公司股票 2 000 万股,支付相关税费 20 万元,占乙公司股份的 60%。

(2) 2022 年 2 月 20 日,乙公司宣布分配 2020 年股利,每股分配现金股利 0.2 元。

(3) 2022 年 3 月 15 日,甲公司收到现金股利。

(4) 2022 年乙公司实现净利润 800 万元。

(5) 2023 年 1 月 10 日乙公司宣布分配 20×6 年股利,每股分配现金股利 0.2 元。

(6) 2023 年 1 月 25 日甲公司收到现金股利。

要求:根据上述资料,编制相关会计分录。

2. 2021 年 1 月 1 日,A 公司以 950 万元(含支付的相关费用 10 万元)购入 B 公司股票 400 万股,每股面值 1 元,占 B 公司发行在外股份的 20%,A 公司采用权益法核算该项投资。

(1) 2021 年 1 月 1 日,B 公司股东权益的公允价值总额为 4 000 万元。

(2) 2021 年 B 公司实现净利润 600 万元,提取盈余公积 120 万元。

(3) 2022 年 B 公司实现净利润 800 万元,提取盈余公积 160 万元,宣告发放现金股利 100 万元,A 公司已经收到。

(4) 2022 年 B 公司由于投资性房地产增加其他综合收益 200 万元(假定不考虑所得税)。

(5) 2022 年年末该项股权投资的可收回金额为 1 200 万元。

(6) 2023 年 1 月 5 日,A 公司转让对 B 公司的全部投资,实得价款 1 300 万元。

要求:根据上述资料,编制相关会计分录。

一、单项选择题

1. 短期借款利息核算不会涉及的账户是( )。

A. 短期借款　　　　B. 应付利息　　　　C. 财务费用　　　　D. 银行存款

2. 假设企业每月末计提利息,1 月 1 日向银行借款 100 000 元,期限 6 个月,年利率 6%。按银行规定一般于每季度末收取短期借款利息。下列对 3 月份企业短期借款利息的会计处理中,正确的是( )。

A. 借：财务费用　　　　　　　　　　　　　　　　　　　　500
　　贷：银行存款　　　　　　　　　　　　　　　　　　　　　　500
B. 借：财务费用　　　　　　　　　　　　　　　　　　　1 500
　　贷：银行存款　　　　　　　　　　　　　　　　　　　　　1 500
C. 借：财务费用　　　　　　　　　　　　　　　　　　　1 000
　　应付利息　　　　　　　　　　　　　　　　　　　　　500
　　贷：银行存款　　　　　　　　　　　　　　　　　　　　　1 500
D. 借：财务费用　　　　　　　　　　　　　　　　　　　　500
　　应付利息　　　　　　　　　　　　　　　　　　　　　1 000
　　贷：银行存款　　　　　　　　　　　　　　　　　　　　　1 500

3. 企业开出、承兑商业汇票抵付应付账款时,应借记( )科目。

A. "材料采购"　　　　　　　　　　　　B. "应交税费——应交增值税(进项税额)"
C. "库存商品"　　　　　　　　　　　　D. "应付账款"

4. 企业签发并承兑的商业承兑汇票如果不能如期支付,应在票据到期且未签发新的票据时,将应付票据账面余额转入( )。

A. 应收账款　　　　B. 应付账款　　　　C. 坏账损失　　　　D. 其他应付款

5. 甲企业为一般纳税企业,采用托收承付结算方式从其他企业购入原材料一批,货款为 100 000 元,增值税税额为 13 000 元,对方代垫的运杂费共计 2 000 元,该原材料已经验收入库。该购买业务所发生的应付账款入账价值为( )元。

A. 113 000　　　　B. 100 000　　　　C. 11 5 000　　　　D. 102 000

6. 企业的应付账款确实无法支付的,经确认后作为( )处理。

A. 坏账准备　　　　　　　　　　　　B. 其他综合收益
C. 营业外收入　　　　　　　　　　　D. 其他业务收入

7. 如果企业不设置"预收账款"账户,应将预收的货款记入(　　)。

A. "应收账款"账户的借方　　　　　　B. "应收账款"账户的贷方

C. "应付账款"账户的借方　　　　　　D. "应付账款"账户的贷方

8. 甲公司结算本月应付职工工资共 300 000 元,代扣职工个人所得税 5 000 元,实发工资 295 000 元,该企业会计处理中,不正确的是(　　)。

A. 借:管理费用等　　　　　　　　　　　　　　　　　　300 000

　　　贷:应付职工薪酬——工资　　　　　　　　　　　　300 000

B. 借:应付职工薪酬——工资　　　　　　　　　　　　　5 000

　　　贷:应交税费——应交个人所得税　　　　　　　　　5 000

C. 借:其他应收款　　　　　　　　　　　　　　　　　　5 000

　　　贷:应交税费——应交个人所得税　　　　　　　　　5 000

D. 借:应付职工薪酬——工资　　　　　　　　　　　　　295 000

　　　贷:银行存款　　　　　　　　　　　　　　　　　　295 000

9. 下列各项中,属于离职后福利的是(　　)。

A. 累积带薪缺勤　　　　　　　　　　　B. 退休后养老保险

C. 医疗保险费　　　　　　　　　　　　D. 辞退福利

10. 下列关于短期薪酬账务处理的说法中,正确的是(　　)。

A. 企业发生的职工工资、津贴和补贴应该根据受益对象计入当期损益或相关资产成本

B. 企业为职工发生的医疗保险费、工伤保险费、生育保险费等社会保险费和住房公积金等应该在实际发生时直接计入当期损益

C. 企业以自产产品向职工提供非货币性福利的,应当按照该产品的账面价值计量

D. 企业以外购的商品向职工提供非货币性福利的,应当按照其购买价款确认职工薪酬的金额

11. 下列不需要根据职工提供服务的受益对象来划分,而应于发生时直接计入企业管理费用的是(　　)。

A. 工会经费　　　　B. 养老保险费　　　　C. 工伤保险费　　　　D. 辞退福利

12. A 公司共有 2 000 名职工,该公司实行累积带薪缺勤制度。该制度规定,每个职工每年可享受 10 个工作日带薪病假,未使用的病假只能向后结转一个日历年度,超过 1 年未使用的权利作废,不能在职工离开公司时获得现金支付;职工休病假是以后进先出为基础,即首先从当年可享受的权利中扣除,再从上年结转的带薪病假余额中扣除;职工离开公司时,公司对职工未使用的累积带薪病假不支付现金。

2021 年 12 月 31 日,每个职工当年平均未使用带薪病假为 4 天。根据过去的经验并预期该经验将继续适用,A 公司预计 2022 年有 1 900 名职工将享受不超过 10 天的带薪病假,剩余 100 名职工每人将平均享受 13 天病假,假定这 100 名职工全部为总部各部门经理,该公司平均每名职工每个工作日工资为 600 元。假定 2022 年 12 月 31 日,上述 100 名部门经理中有 80 名享受了 13 天病假,并随同正常工资以银行存款支付。

另有 20 名只享受了 10 天病假,A 公司 2022 年因 20 名只享受了 10 天病假累积带薪缺勤

应冲减管理费用的金额为(　　　)。

    A. 180 000 元   B. 144 000 元   C. 36 000 元   D. 0

13. 企业将自产货物作为集体福利消费,应视同销售货物计算应交增值税,应借记(　　　)科目,贷记"库存商品""应交税费——应交增值税"等科目。

    A. "营业外支出"   B. "应付职工薪酬"

    C. "盈余公积"   D. "在建工程"

14. 企业从职工工资中代扣代缴的职工个人所得税,应借记的会计科目是(　　　)。

    A. "其他应付款"   B. "应付职工薪酬"

    C. "银行存款"   D. "应交税费——应交所得税"

15. 企业以其自产产品作为非货币性福利发放给职工的,应当据受益原则,按该产品的(　　　)计入相关成本或损益。

    A. 公允价值   B. 重置成本

    C. 该种产品平均售价   D. 实际成本

16. 下列职工薪酬中,不应当根据职工提供服务的受益对象计入成本费用的是(　　　)。

    A. 构成工资总额的各组成部分   B. 因解除与职工的劳动关系给予的补偿

    C. 工会经费和职工教育经费   D. 医疗保险费、养老保险费等社会保险费

17. 企业缴纳当月的增值税,应通过(　　　)账户核算。

    A. "应交税费——应交增值税(进项税额)"

    B. "应交税费——应交增值税(销项税额)"

    C. "应交税费——应交增值税(进项税额转出)"

    D. "应交税费——应交增值税(已交税金)"

18. 甲公司收购免税农业产品作为原材料,实际支付款项 1 500 000 元,产品已验收入库,款项已经支付。假定甲公司采用实际成本进行材料日常核算,该产品准予抵扣的进项税额按买价的 9% 计算确定。甲公司的免税农业产品的增值税进项税额为(　　　)万元。

    A. 17.26   B. 13.5   C. 25.5   D. 15

19. 甲公司为一般纳税人企业,将外购材料用于建造厂房时,下列关于增值税部分的会计处理正确的是(　　　)。

    A. 作为销项税额处理   B. 进项税全部可以抵扣不做处理

    C. 作进项税额不得抵扣处理   D. 将进项税额计入存货成本

20. 某一般纳税人企业盘点时发现外购商品变质损失,实际成本为 50 万元,售价为 60 万元,增值税率为 13%,其记入"待处理财产损溢"科目的金额为(　　　)万元。

    A. 50   B. 60.2   C. 56.5   D. 70.2

21. 企业发生的下列各项税金,能够计入固定资产价值的是(　　　)。

    A. 房产税   B. 印花税   C. 土地使用税   D. 增值税

22. A 公司建造办公楼领用外购原材料 10 000 元,原材料购入时支付的增值税为 1 300 元;因火灾毁损库存商品一批,其实际成本 20 000 元,经确认损失外购材料的增值税 2 600 元。则 A 公司记入"应交税费——应交增值税(进项税额转出)"科目的金额为(　　　)元。

    A. 1 300   B. 2 600   C. 3 120   D. 3 900

23. 甲公司为增值税一般纳税人企业,因山洪暴发毁损库存材料一批,实际成本为 20 000 元,收回残料价值 800 元,保险公司赔偿 11 300 元。甲企业购入材料的增值税税率为 13%,该批毁损原材料的非常损失净额为(   )元。

    A. 7 900   B. 18 800   C. 8 400   D. 10 500

24. 小规模纳税人企业购入原材料,取得的增值税专用发票上注明货款 20 000 元,增值税税额为 2 600 元,在购入材料过程中另支付运杂费 500 元(含税),则企业该批原材料的入账价值为(   )元。

    A. 19 500   B. 23 100

    C. 20 500   D. 23 300

25. 委托加工应纳消费税物资(非金银首饰)收回后直接出售的应税消费品,其由受托方代扣代交的消费税,应记入(   )账户。

    A. "管理费用"   B. "委托加工物资"

    C. "税金及附加"   D. "应交税费——应交消费税"

26. 甲公司本月收回委托加工应税消费品时,支付加工费 5 000 元,消费税 600 元,该消费品加工用原材料为 15 000 元,收回后用于连续加工生产应税消费品,则应计入委托加工物资的成本为(   )元。

    A. 21 600   B. 15 600   C. 20 000   D. 5 600

27. 某企业转让一项专利技术,取得的转让收入应缴纳的相关税费是(   )。

    A. 消费税   B. 增值税   C. 资源税   D. 不用交税

28. 下列税金中,与企业计算损益无关的是(   )。

    A. 消费税   B. 一般纳税企业的增值税

    C. 所得税   D. 城市建设维护税

29. 甲公司本期应交房产税 2 万元,应交土地使用税 3 万元,印花税 1 万元,耕地占用税 8 万元,契税 6 万元,车辆购置税 0.6 万元,则本期影响"应交税费"科目的金额为(   )万元。

    A. 6   B. 5   C. 14   D. 20.6

30. 某企业将自产的资源税应税矿产品用于企业的产品生产,计算出的应交资源税,应计入(   )。

    A. 税金及附加   B. 主营业务成本

    C. 生产成本   D. 管理费用

31. 下列税金中,不应计入存货成本的是(   )。

    A. 由受托方代扣代缴的委托加工直接用于对外销售的商品负担的消费税

    B. 一般纳税企业进口原材料交纳的进口关税

    C. 小规模纳税企业购进货物应交纳的增值税

    D. 由受托方代扣代缴的委托加工继续用于生产应纳消费税的商品负担的消费税

32. 某企业根据通过的利润分配方案确认应付给投资者的利润时,应贷记(   )科目。

    A. "利润分配——分配股利"   B. "利润分配——应付利润"

    C. "应付股利"   D. "应付利润"

33. 企业收取的包装物押金及其他各种暂收款项时,应贷记(　　)科目。

A. "营业外收入" 　　　　　　　　　　B. "其他业务收入"

C. "其他应付款" 　　　　　　　　　　D. "其他应收款"

34. 下列项目中,不属于其他应付款核算范围的是(　　)。

A. 应付管理人员工资 　　　　　　　　B. 应付经营租入固定资产租金

C. 应付租入包装物租金 　　　　　　　D. 应付、暂收所属单位、个人的款

二、多项选择题

1. 企业支付短期利息时,可能借记的会计科目有(　　)。

A. "短期借款"　　B. "预提费用"　　C. "应付利息"　　D. "财务费用"

2. "预收账款"科目贷方登记(　　)。

A. 预收货款金额 　　　　　　　　　　B. 企业向购货方发货后冲销的预收货款的数额

C. 退回对方多付的货款 　　　　　　　D. 购货方补付的货款

3. 下列各项中,属于职工薪酬中所说的职工的有(　　)。

A. 全职、兼职职工 　　　　　　　　　B. 董事会成员

C. 内部审计委员会成员 　　　　　　　D. 劳务用工合同人员

4. 下列各项中,应通过"应付职工薪酬"科目核算的有(　　)。

A. 基本工资　　B. 经常性奖金　　C. 养老保险费　　D. 住房公积金

5. 在进行会计核算时,若贷记"应付职工薪酬——工会经费",则对应借记的科目可能有(　　)。

A. "制造费用"　　B. "销售费用"　　C. "生产成本"　　D. "管理费用"

6. 下列各项工资中,不应由"管理费用"列支的有(　　)。

A. 生产人员工资 　　　　　　　　　　B. 行政人员工资

C. 车间管理人员工资 　　　　　　　　D. 医务人员工资

7. 下列项目中,应按国家规定的计提基础和计提比例,确认为应付职工薪酬的有(　　)。

A. 养老保险费　　B. 医疗保险费　　C. 住房公积金　　D. 职工教育经费

8. 企业应当在职工为其提供服务的会计期间,将应付的职工薪酬(不包括辞退福利)确认为负债,并根据职工提供服务的受益对象进行处理。下列会计处理中,正确的有(　　)

A. 应由生产产品、提供劳务负担的职工薪酬,计入产品成本或劳务成本

B. 应由在建工程、无形资产开发成本负担的职工薪酬,计入建造固定资产或无形资产的开发成本

C. AB 两项之外的其他职工薪酬,计入当期损益

D. 企业应当严格按照辞退计划条款的规定,合理预计并确认辞退福利产生的应付职工薪酬,并确认管理费用

9. 下列各项职工薪酬,应该根据受益对象进行处理的有(　　)。

A. 在职人员的职工工资 　　　　　　　B. 与职工解除劳务关系支付的补偿

C. 离退休人员的工资、补贴 　　　　　D. 在职人员的非货币性福利

10. 下列职工薪酬中,可以计入产品成本的有(　　　　)。

　A. 住房公积金　　　　　　　　　　B. 非货币性福利

　C. 工会经费　　　　　　　　　　　D. 辞退福利

11. 长城公司系一上市公司,为增值税一般纳税人,适用增值税税率为13％,12 月 1 日 "应付职工薪酬"账户贷方余额为 1 695 万元,12 月发生如下与职工薪酬有关的事项:

(1) 12 月 10 日,发放 11 月份职工工资 1 470 万元,其中代扣个人所得税 60 万元。

(2) 12 月 10 日至 12 月 20 日,公司维修人员对专设销售机构用设备进行日常维修,应付薪酬 12.9 万元。

(3) 12 月 21 日,公司根据下列事项计提本月租赁费和折旧费:自 2×10 年 1 月 1 日起,公司为 20 名高级管理人员每人租赁住房一套并提供轿车一辆,免费使用;每套住房年租金为 4.5 万元,每辆轿车年折旧为 9 万元。

(4) 12 月 22 日,公司将自产的新款空调 50 台作为福利分配给本公司的行政管理人员,该空调每台成本 0.9 万元,市场售价 1.35 万元(不含增值税)。

(5) 为留住优秀管理人才,将以总价 150 万元的价格购买并按照固定资产入账的 10 辆小轿车,以总价 50 万元的价格出售给公司优秀管理职工。出售合同没有规定职工在取得后至少应提供服务的年限,假定该事项不考虑增值税。

下列关于长城公司的账务处理的说法中,正确的有(　　　　)。

　A. 根据事项(1),长城公司应确认应付职工薪酬借方发生额 1 470 万元

　B. 根据事项(3),长城公司应确认应付职工薪酬 22.5 万元

　C. 根据事项(4),长城公司应确认的主营业务收入 67.5 万元

　D. 根据事项(5),长城公司应计入管理费用的职工薪酬为 100 万元

12. 下列有关带薪缺勤的表述中,正确的有(　　　　)。

　A. 累积带薪缺勤,是指带薪缺勤权利可以结转下期的带薪缺勤,本期尚未用完的带薪缺勤权利可以在未来期间使用

　B. 企业应当在职工提供服务从而增加其未来享有的带薪缺勤权利时,确认与累积带薪缺勤相关的职工薪酬,并以累积未行使权利而增加的预期支付金额计量

　C. 非累积带薪缺勤,是指带薪缺勤权利不能结转下期的带薪缺勤,本期尚未用完的带薪缺勤权利将予以取消,并且职工离开企业时也无权获得现金支付

　D. 企业应当在职工实际发生缺勤的会计期间确认与非累积带薪缺勤相关的职工薪酬

13. 下列关于非货币性职工薪酬的说法中,不正确的有(　　　　)。

　A. 难以认定受益对象的非货币性福利,直接计入当期损益和应付职工薪酬

　B. 企业将拥有的房屋等资产无偿提供给职工使用的,应当根据受益对象,按照该住房的公允价值计入相关资产成本或当期损益,同时确认应付职工薪酬

　C. 企业租赁住房等资产供职工无偿使用的,应当根据受益对象,将每期应付的租金计入相关资产成本或当期损益,并确认应付职工薪酬

　D. 企业以其自产产品作为非货币性福利发放给职工的,应当根据受益对象,按照产品的账面价值,计入相关资产成本或当期损益,同时确认应付职工薪酬

14. 下列有关非货币性福利的计量的说法中,不正确的有(　　　　)。

A. 将拥有的房屋无偿提供给职工使用的,应当将折旧额计入其他业务成本

B. 将自产产品发放给职工作为福利的,应当按照产品的账面价值确认职工福利

C. 向职工提供企业支付补贴的商品,如果合同规定了服务年限的,应当将补贴计入长期待摊费用

D. 向职工提供企业支付补贴的商品,如果合同没有规定服务年限的,应当将补贴一次计入应付职工薪酬

15. 下列业务中,企业通常视同销售处理的有(   )。

A. 销售代销货物   B. 在建工程领用企业外购的库存商品

C. 企业将自产的产品用于集体福利   D. 在建工程领用企业外购的原材料

E. 企业将委托加工的货物用于投资

16. 企业下列各项行为中,应视同销售必须计算缴纳增值税销项税额的有(   )。

A. 将货物对外捐赠   B. 销售代销货物

C. 委托他人代销货物   D. 委托他人保管货物

17. 下列各项中,增值税一般纳税人需要转出进项税额的有(   )。

A. 自制产成品用于集体福利   B. 外购的货物用于分配给股东

C. 外购的货物发生非正常损失   D. 外购的生产用原材料改用于自建宿舍

18. 企业下列各项行为中,应作为增值税进项税额转出处理的有(   )。

A. 非常损失造成的固定资产盘亏   B. 职工福利项目领用本企业的产品

C. 非常损失造成的存货盘亏   D. 以产品对外投资

19. 下列税金中,不考虑特殊情况时,会涉及抵扣情形的有(   )。

A. 一般纳税人购入货物用于生产所负担的增值税

B. 委托加工收回后用于连续生产应税消费品

C. 取得运费发票的相关运费所负担的增值税

D. 从小规模纳税人购入货物取得普通发票的增值税

20. 甲企业为一般纳税人企业,其购进货物支付了相关税金,应计入货物成本的有(   )。

A. 与客户签订购货合同支付了印花税

B. 购入建造厂房工程物资时支付了增值税,取得对方开具的增值税专用发票

C. 进口商品支付的关税

D. 购买一批材料,预计将用于食堂,已支付了增值税,取得对方开具的增值税专用发票

21. 为取得固定资产发生的下列税费中,应该计入企业固定资产价值的有(   )。

A. 房产税   B. 车船税   C. 车辆购置税   D. 契税

22. 按照规定,可能记入"税金及附加"科目的税金有(   )。

A. 教育费附加   B. 消费税   C. 城市维护建设税   D. 土地使用税

23. 下列税金中,应该计入在建工程或固定资产成本的有(   )。

A. 耕地占用税   B. 车辆购置税   C. 契税   D. 土地增值税

24. 下列项目中,在会计处理时将形成一项流动负债的有(   )。

A. 股东会决议分派的现金股利

B. 股东会决议分派的股票股利

C. 质量与数量均不符合合同条件,计划退货的应付购货款项

D. 计提应计入本期损益的短期借款利息

25. 下列各项中,属于其他应付款核算范围的有( )。

A. 存入保证金   B. 应付经营租入固定资产租金

C. 存出投资款   D. 应付、暂收所属单位、个人的款项

三、判断题

1. 短期借款利息在预提或实际支付时均应通过"短期借款"科目核算。 ( )

2. 企业购入货物验收入库后,若发票账单尚未收到,应在月末按照估计的金额确认一笔负债,反映在资产负债表有关负债项目内。 ( )

3. 企业到期无力偿付的银行承兑汇票,应按其账面余额转入"应付账款"。 ( )

4. 对于确实无法支付的应付账款,应计入当期损益。 ( )

5. 职工因公伤赴外地就医路费应记入"管理费用",在当期损益列支。 ( )

6. 企业为鼓励生产车间职工自愿接受裁减而给予的补偿,应该计入生产成本科目。

( )

7. 企业将自产产品作为非货币性福利发放给职工的,应按照该产品的账面价值,计入相关资产成本或费用,同时确认为应付职工薪酬。 ( )

8. 从会计核算上看,增值税是与企业损益无关的税金。 ( )

9. 甲公司为增值税一般纳税人企业,其下属独立核算的乙公司为小规模纳税人企业。乙公司向甲公司销售产品一批,开具普通发票中注明货款 35 934 元,已知甲公司适用增值税率为 13%,乙公司征收率为 3%,则乙公司应纳增值税为 5 359.79 元。 ( )

10. 企业以自己产品赠送他人,由于会计处理时不作销售核算,所以不用计算增值税。( )

11. 一般纳税人企业购入货物时支付的增值税,均应先通过"应交税费——应交增值税(进项税额)"科目核算,然后再将购入货物不能抵扣的增值税进项税额从"应交税费——应交增值税"科目转出。 ( )

12. 企业以自己生产的产品用于在建工程(职工食堂),由于会计核算时不作销售处理,因此不需交纳增值税。 ( )

13. 一般纳税人购入货物或接受劳务在取得规定的凭证后均可以抵扣进项税额。( )

14. 企业只有在对外销售应税消费品时才应缴纳消费税。 ( )

15. 企业委托加工应税消费品在收回后,应将由受托方代扣代缴的消费税计入相关成本。

( )

16. 由于企业交纳的消费税属于价内税,因此应将应交消费税记入"税金及附加"科目。

( )

17. 企业按规定计算出应交的矿产资源补偿费应区分受益对象计入相关产品成本或当期损益。 ( )

18. 企业向股东宣告的现金股利,在尚未支付给股东之前,是企业股东权益的一个组成部分。 ( )

四、业务处理题

1. 2月5日，A公司销售一批产品给B公司，款项尚未收到。双方约定，B公司应于9月30日付款。4月1日，A公司因急需流动资金，经与中国银行协商，以应收B公司货款为质押取得3个月期限的流动资金借款200 000元，年利率为6%，利息月末计提，到期一次还本付息。假定不考虑其他因素。

要求：根据上述资料，编制相关会计分录。

2. 某企业为一般纳税人，10月份发生如下经济业务：

(1) 根据供电部门通知，企业本月应付电费6.78万元(其中进项税0.78万元)，包括生产车间电费5万元，企业行政管理部门电费1万元。

(2) 购入不需要安装的设备一台，价款及价外费用为100 000元，取得的增值税专用发票上注明增值税税额为13 000元，款项尚未支付。

(3) 生产车间委托外单位修理机器设备，对方开具的专用发票上注明修理费用为2 000元，增值税税额为260元，款项已用银行存款支付。

(4) 库存材料因意外火灾毁损一批，对方开来的专用发票上注明修理费用为8 000元，增值税税额为1 040元，款项已用银行存款支付。

(5) 建造厂房领用生产用原材料20 000元，其购入时支付的增值税税款为2 600元。

(6) 医务室维修领用原材料2 000元，其购入时支付的增值税税款为260元。

(7) 出售一栋办公楼，出售收入640 000元和增值税税款57 600元已存入银行。该办公楼的账面原价为800 000元，已提折旧200 000元；出售过程中用银行存款支付清理费用10 000元。销售该项固定资产适用的增值税税率为9%。

要求：根据上述资料，编制相关会计分录。

3. 甲企业委托乙企业加工用于连续生产的应税消费品。甲、乙两企业均为增值税一般纳税人，适用的增值税税率为13%，适用的消费税税率为5%。甲企业对材料采用计划成本法核算。有关资料如下：

(1) 甲企业发出材料一批，计划成本为70 000元，材料成本差异率为2%。

(2) 按合同规定，甲企业用银行存款支付乙企业加工费用4 600元(不含增值税)，以及相应的增值税和消费税。

(3) 甲企业用银行存款支付往返运杂费600元(不考虑增值税进项税额)。

(4) 甲企业委托乙企业加工完成后的材料计划成本为80 000元，该批材料已验收入库。

要求：

(1) 根据上述资料，计算甲企业应支付的增值税和消费税。

(2) 根据上述资料，编制甲企业委托加工材料发出、支付相关税费和入库有关的会计分录(对于"应交税费"账户，需列出明细账户，涉及增值税的，还应列出专栏)。

4. 长江公司为家电生产企业，共有职工310人，其中生产工人200人，车间管理人员15人，行政管理人员20人，销售人员15人，在建工程人员60人。长江公司适用的增值税税率为13%。12月份发生如下经济业务：

(1) 本月应付职工资产总额为380万元，工资费用分配汇总表中列示的产品生产工人工资为 200 万元,车间管理人员工资为 30 万元,企业行政管理人员工资为 50 万元,销售人员工资为 40 万元,在建工程人员工资为 60 万元。

(2) 下设的职工食堂享受企业提供的补贴,本月领用自产产品一批,该产品的账面价值为 8 万元,市场价格为 10 万元(不含增值税),适用的消费税税率为 10%。

(3) 以其自己生产的某种电暖气发放给公司每名职工,每台电暖气的成本为 800 元,市场售价为每台 1 000 元。

(4) 为总部部门经理以上职工提供汽车免费使用,为副总裁以上高级管理人员每人租赁一套住房。长江公司现有总部部门经理以上职工共 10 人,假定所提供汽车每月计提折旧 2 万元;现有副总裁以上职工 3 人,所提供住房每月的租金 2 万元。

(5) 用银行存款支付副总裁以上职工住房租金 2 万元。

(6) 结算本月应付职工工资总额 380 万元,代扣职工房租 10 万元,企业代垫职工家属医药费 2 万元,代扣个人所得税 20 万元,余款用银行存款支付。

(7) 上交个人所得税 20 万元。

(8) 下设的职工食堂维修领用原材料 5 万元,其购入时支付的增值税税款为 0.65 万元。

要求:根据上述资料,编制相关会计分录。

五、案例分析题

1. 某制造企业为员工提供宿舍,并收取象征性租赁费每人每月每间 500 元,宿舍每月每间的折旧为 1 000 元,水电费 200 元。企业财务人员将收取的租金确认为企业业务收入,宿舍的折旧和水电费计入管理费用。

思考分析:财务人员的处理是否恰当? 如果不恰当,你认为应该怎么处理?

2. 某房地产开发企业目前有 4 个正在开发的项目,对于土地使用税财务人员一直是这样处理的:项目施工前期计入税金及附加,项目施工期间计入存货成本,施工完成后计入税金及附加。

思考分析:财务人员这样处理合适吗?

3. A 公司是一家水泥企业,A 公司拥有一座石灰石矿山。A 公司开采石灰石,然后生产水泥,A 公司缴纳的石灰石资源税应该计入其开采的石灰石成本还是应该计入税金及附加?

思考分析:根据上述资料,你能给出处理建议吗?

项目十一　非流动负债核算

一、单项选择题

1. 下列各项中,筹建期间用于日常管理活动的借款利息应记入(　　)科目。

A. "长期待摊费用"　　　　　　　　B. "销售费用"

C. "管理费用"　　　　　　　　　　D. "财务费用"

2. 甲公司于 2022 年 10 月 1 日发行 5 年期面值总额为 100 万元的债券,债券票面年利率为 12%,到期一次还本付息,按面值发行(发行手续费略),半年计息一次。2023 年 6 月 30 日该公司应付债券的账面价值为(　　)元。

A. 1 000 000　　　B. 1 120 000　　　C. 1 090 000　　　D. 1 080 000

3. 甲公司于 2022 年 1 月 1 日发行四年期公司债券 5 000 万元,实际收到发行价款 5 000 万元。该债券票面年利率为 6%,半年付息一次,借款利息全部计入财务费用,2022 年 12 月 31 日公司对于该债券应确认的财务费用为(　　)万元。

A. 300　　　B. 150　　　C. 100　　　D. 200

4. 甲企业 2021 年 1 月 1 日以 630 万元的价格发行 5 年期债券 600 万元。该债券到期一次还本付息,票面年利率为 5%。则甲企业 2022 年 12 月 31 日 "应付债券——应计利息" 科目的余额为(　　)万元。

A. 30　　　B. 31.5　　　C. 60　　　D. 63

5. 某公司于 2021 年 1 月 1 日对外发行 5 年期、面值总额为 20 000 万元的公司债券,债券票面年利率为 3%,到期一次还本付息,实际收到发行价款 22 000 万元。该公司采用实际利率法摊销利息费用,不考虑其他相关税费。计算确定的实际利率为 2%。2022 年 12 月 31 日,该公司该项应付债券的账面余额为(　　)万元。

A. 21 200　　　B. 22 888.8　　　C. 23 200　　　D. 24 000

6. 淮海公司于 2021 年 1 月 1 日发行 3 年期、每年 1 月 1 日付息、到期一次还本的公司债券,债券面值为 200 万元,票面年利率为 5%,实际利率为 6%,发行价格为 194.65 万元。按实际利率法确认利息费用。该债券 2022 年度确认的利息费用为(　　)万元。

A. 11.68　　　B. 10　　　C. 11.78　　　D. 12

7. 甲公司于 2022 年 1 月 1 日发行四年期一次还本付息的公司债券,债券面值 1 000 000 元,票面年利率 5%,发行价格 950 520 元。甲公司对利息调整采用实际利率法进行摊销,经计算该债券的实际利率为 6%。该债券 2022 年度应确认的利息费用为(　　)元。

A. 50 000　　　B. 60 000　　　C. 47 526　　　D. 57 031.2

8. 2023 年 1 月 1 日,甲公司与乙公司签订一台大型设备的转让协议,协议约定,该专利技术的转让价款为 2 000 万元。甲公司自当年末起分 5 次每年末支付 400 万元。已知该延期支付的购买价款超过正常信用条件,实质上具有融资性质,未来分 5 年支付的购买价款的现值为 1 688 万元,甲公司于当日取得设备且达到预定可使用状态,不考虑其他因素,则该设备的初始入账金额为(   )万元。

A. 2 000   B. 1 688   C. 3 688   D. 2 088

二、多项选择题

1. 长期借款所发生的利息支出,可能借记的科目有(   )。

A."在建工程"   B."销售费用"   C."管理费用"   D."财务费用"

2. 下列关于长期借款利息费用的会计处理中,正确的有(   )。

A. 筹建期间的利息费用记入"管理费用"科目

B. 生产经营期间的利息费用记入"财务费用"科目

C. 如果长期借款用于购建固定资产等符合资本化条件的,在资产尚未达到预定可使用状态前,所发生的利息支出数应当资本化

D. 如果长期借款用于购建固定资产等符合资本化条件的,资产达到预定可使用状态后发生的利息支出,应当资本化

3."应付债券"账户的贷方反映的内容有(   )。

A. 债券发行时产生的债券折价   B. 债券折价的摊销

C. 期末计提应付债券利息   D. 债券的发行费用

4. 下列各项中,不通过"长期应付款"科目核算的有(   )。

A. 付款期限不超过一年的材料采购款   B. 以分期付款方式购入固定资产的应付款项

C. 应付职工的长期福利   D. 应付三年期的借款

三、判断题

1."长期借款"账户的月末余额,反映企业尚未支付的各种长期借款的本金。   (   )

2. 企业长期借款所发生的利息支出,应在实际支付时计入在建工程成本或当期损益。

(   )

3. 长期借款利息费用应当在资产负债表日按照实际利率法计算确定,实际利率与合同利率差异较小的,也可以采用合同利率计算确定利息费用。   (   )

4. 债券溢价发行时,采用实际利率法对利息调整进行摊销,摊销的利息调整金额逐期减小,利息费用逐期增大。   (   )

5. 企业发行的应付债券的利息,均应通过"应付债券——应计利息"科目核算。   (   )

6. 如果延期支付的购买价款超过正常信用条件,实质上具有融资性质的,所购资产的成本应当以延期支付购买价款的现值为基础确认。   (   )

四、业务处理题

1. A 企业于 2022 年 1 月 1 日发行 2 年期、到期时一次还本付息、利率为 6%、面值总额为

2 000 000 元的债券,所筹资金用于厂房扩建,其扩建工程延长了厂房的使用寿命。该债券已按面值发行成功,款项已收存银行。A 企业每半年计提一次利息。厂房扩建工程于 2022 年 1 月 1 日开工建设,2022 年 12 月 31 日达到预定可使用状态。2022 年度借款费用可全部资本化。该债券每年计息一次,债券到期时,以银行存款偿还本息。

　　要求:根据上述资料,编制 A 企业按面值发行债券,各期计提债券利息和债券还本付息的会计分录。("应付债券"科目需写出明细科目)

　　2. 某企业经批准于 2023 年 1 月 1 日发行两年期面值为 100 元的债券 100 000 张,债券年利率为 3%,每年 7 月 1 日和 12 月 31 日付息两次,到期时归还本金和最后一次利息。该债券发行收款为 980.96 万元,债券实际利率为年利率 4%。该债券所筹资金全部用于新生产线的建设,该生产线于 2023 年 6 月底完工交付使用。债券利息调整采用实际利率法摊销,每年 6 月 30 日和 12 月 31 日计提利息。

　　要求:根据上述资料,编制该企业从债券发行到债券到期的全部会计分录。

一、单项选择题

1. 下列各项中,不符合会计要素"收入"定义的是(　　)。

A. 出售材料收入

B. 出售单独计价的包装物收取的价款

C. 销售商品收入

D. 固定资产报废净收益

2. 企业应当在履行了合同中的履约义务,即在(　　)时确认收入。

A. 签订合同

B. 发出商品

C. 客户取得相关商品控制权

D. 风险报酬转移

3. 企业合同变更增加了可明确区分的商品及合同价款,且新增合同价款反映了新增商品单独售价的,企业对该合同变更部分进行的正确会计处理是(　　)。

A. 作为原合同的组成部分继续进行会计处理

B. 终止原合同,同时将原合同未履约部分与合同变更部分合并为新合同进行会计处理

C. 作为一份单独的合同进行会计处理

D. 作为企业损失,直接计入当期损益

4. 企业与同一客户同时订立的两份或多份合同,应当合并为一份合同进行会计处理是(　　)。

A. 该两份或多份合同没有构成一揽子交易

B. 该两份或多份合同中所承诺的商品构成一项单项履约义务

C. 该两份或多份合同中的一份合同的对价金额与其他合同的定价或履行情况无关

D. 该两份或多份合同在一个月内订立

5. 依据收入准则的规定,在确定交易价格时,不属于企业应当考虑因素的是(　　)。

A. 可变对价

B. 应收客户款项

C. 非现金对价

D. 合同中存在的重大融资成分

6. A 公司为一家篮球俱乐部,2023 年 1 月 1 日与 B 公司签订合同,约定 B 公司有权在未来两年内在其生产的水杯上使用 A 公司球队的图标,A 公司收取固定使用费 420 万元,以及按照 B 公司当年销售额的 10%计算提成。B 公司预期 A 公司会继续参加当地联赛,并取得优异成绩。B 公司 2023 年实现销售收入 200 万元。假定不考虑其他因素,A 公司 2023 年应确认收入的金额为(　　)万元。

A. 230

B. 0

C. 210

D. 420

7. 甲公司为一家会员制健身会所。2023 年 1 月 1 日与客户签订为期 3 年的健身合同,约

定自合同签订日起客户有权在该健身会所健身,除签订合同日客户需支付的 3 年年费 2 700 元外,甲公司额外收取 30 元会员费,作为为客户定制健身卡的工本费及注册登记等初始活动的补偿,无论客户是否在未来期间进行健身活动,甲公司收取的年费及会员费均无需退还,假定不考虑其他因素,甲公司 2023 年应确认的收入金额为(　　)元。

　　A. 2 700　　　　　　B. 2 730　　　　　　C. 910　　　　　　D. 30

　　8. 甲公司与乙公司签订建造合同,为乙公司建造一栋办公楼,合同价款为 80 万元,合同约定工期为 8 个月,另在合同中约定,提前 1 个月完工,将额外奖励甲公司 5 万元,甲公司预计工程提前 1 个月完工的概率为 97%。不考虑其他因素,该合同确定的交易价格为(　　)万元。

　　A. 84.85　　　　　　B. 80　　　　　　C. 85　　　　　　D. 90

　　9. 甲公司和乙公司签订销售合同,合同约定向乙公司销售 A、B 两种产品,不含增值税的合同总价款为 5 万元。A、B 产品不含增值税的单独售价分别为 3 万元和 4.5 万元。按照交易价格分摊原则,A 产品应分摊的交易价格为(　　)万元。

　　A. 4.5　　　　　　B. 3　　　　　　C. 2　　　　　　D. 3.3

　　10. 当合同中包含两项或多项履约义务时,企业应当在合同开始日,将交易价格分摊各单项履约义务。具体分摊时采用的方法是(　　)。

　　A. 直线法平均摊销

　　B. 各单项履约义务所承诺商品的成本的相对比例

　　C. 各单项履约义务所承诺商品的净收益的相对比例

　　D. 各单项履约义务所承诺商品的单独售价的相对比例

　　11. 企业应当按照(　　)确定可变对价的最佳估计数。

　　A. 固定价格　　　　　　　　　　B. 公允价值

　　C. 期望值或最可能发生金额　　　D. 历史价格

　　12. 6 月 1 日,甲公司委托乙公司销售 300 件商品,协议价为每件 80 元,该商品的成本为 50 元。代销协议约定,乙公司企业在取得代销商品后,对消费者承担商品的主要责任,商品已经发出,货款已经收到,则甲公司在 6 月 1 日应确认的收入为(　　)元。

　　A. 0　　　　　　B. 24 000　　　　　　C. 15 000　　　　　　D. 28 080

　　13. 2022 年 12 月 31 日,甲公司与乙公司签订协议销售一批商品,增值税专用发票上注明价格为 675 万元,增值税税额为 108 万元。商品已发出,款项已收到。协议规定,该批商品销售价款的 25% 属于商品售出后 5 年内提供修理服务的服务费,则甲公司 2022 年 12 月应确认的收入为(　　)万元。

　　A. 675　　　　　　B. 168.75　　　　　　C. 135　　　　　　D. 506.25

　　14. 公司完成销售后,如果对方企业未提走所购商品,那么企业应该(　　)。

　　A. 通过"发出商品"科目核算　　　　B. 单独设置"代管商品"备查簿核算

　　C. 通过"受托代销商品"核算　　　　D. 通过"委托代销商品"核算

　　15. 企业对于已经发生但尚未确认销售收入的商品成本,应借记的会计科目是(　　)。

　　A. "在途物资"　　　　　　　　　B. "库存商品"

　　C. "主营业务成本"　　　　　　　D. "发出商品"

16. 大华公司委托某商场代销一批产品,代销价款为 200 万元,3 个月后收到商场交来的代销清单,代销清单列明已销售代销商品的 50%。大华公司收到清单时向商场开具增值税专用发票,商场按代销价款的 5% 收取手续费,该批产品的实际成本为 120 万元,大华公司应确认的销售收入为( )万元。

    A. 120   B. 100   C. 80   D. 150

17. 委托代销商品中,采用收取手续费方式,委托方计算应支付的代销手续费,所作的会计分录为( )。

    A. 借:销售费用   B. 借:销售费用
        贷:主营业务收入   贷:应收账款

    C. 借:应付账款   D. 借:主营业务收入
        贷:主营业务收入   贷:应收账款

18. 甲企业委托乙企业销售产品 300 件,委托代销合同约定甲企业按协议价每件 200 元(不含税),收取代销货物款项。该货物成本价为每件 150 元(不含税),乙企业自行制定售价为每件 300 元(不含税)。当月该货物全部售完,乙企业向甲企业开具销货清单,并结清了货款。甲企业应当确认收入金额为( )万元。

    A. 6   B. 9   C. 4.5   D. 7.02

19. 甲、乙公司均为一般纳税人,适用的增值税税率为 13%。2022 年 10 月 6 日甲公司与乙公司签订委托代销合同,委托乙公司代销商品 1 000 件。协议价为每件(不含增值税)0.05 万元,每件成本为 0.03 万元,代销合同规定,乙公司按 0.05 万元的价格销售给顾客,甲公司按售价的 5% 向乙公司支付手续费,每季末结算。2022 年 10 月 7 日发出商品。2022 年 12 月 31 日收到乙公司开来的代销清单,注明已销售代销商品 800 件,甲公司给乙公司开具增值税专用发票,未收到货款。2022 年甲公司委托乙公司代销业务确认的营业利润为( )万元。

    A. 40   B. 50   C. 14   D. 6

20. 甲公司本年度委托乙商店代销一批零配件,代销价款 200 万元。本年度收到乙商店交来的代销清单,代销清单列明已销售代销零配件的 60%,甲公司收到代销清单时向乙商店开具增值税发票。乙商店按代销价款的 5% 收取手续费。该批零配件的实际成本为 120 万元。甲公司本年度应确认的销售收入为( )万元。

    A. 120   B. 114   C. 200   D. 68.4

21. 大华公司于 2020 年 2 月 10 日销售给天宁公司一批商品,售价 100 万元,成本为 80 万元,双方适用的增值税税率均为 13%,款项尚未支付,4 月 8 日天宁公司发现该批商品存在一定的外包装问题,但不影响质量和正常使用,故要求大华公司给予一定的折让,经核实商品确实存在包装瑕疵,经协商同意给予 3% 的销售折让,开出红字增值税专用发票,假定不考虑其他相关因素,大华公司因该批商品的销售而影响 2020 年损益的金额为( )万元。

    A. 17   B. 20   C. 19.4   D. −3

22. 下列关于增量成本的表述中,不正确的是( )。

    A. 增量成本是指企业不取得合同就不会发生的成本

    B. 增量成本是增加了企业未来用于履行(或持续履行)履约义务的资源的成本

    C. 企业为取得合同发生的增量成本预期能够收回的,应当作为合同取得成本确认为一项

资产

D. 企业为取得合同发生的、除预期能够收回的增量成本之外的其他支出,一般应于发生时计入当期损益

23. 下列各项中,应确认为合同取得成本的是(　　)。

A. 投标费

B. 预计能够收回的销售佣金

C. 投标发生的差旅费

D. 聘请外部律师尽职调查费

24. 下列各项中,应计入合同履约成本的是(　　)。

A. 销售佣金

B. 非正常消耗的直接材料、直接人工和制造费用

C. 支付给直接为客户提供所承诺服务的职工的工资

D. 与履约义务中已履行部分相关的支出

25. 2022 年 1 月 1 日,甲公司与乙公司签订合同,为乙公司拥有所有权的一栋办公楼更换 10 部旧电梯,合计总价格为 1 000 万元。截至 2022 年 12 月 31 日,甲公司共更换了 8 部电梯,剩余两部电梯预计在 2023 年 3 月 1 日之前完成。该合同仅包含一项履约义务,且该履约义务满足在某一时段内履行的条件。甲公司按照已完成的工作量确定履约进度。假定不考虑增值税等其他因素,甲公司 2022 年年末应确认的收入金额为(　　)万元。

A. 0　　　　　　　　B. 1 000　　　　　　　　C. 800　　　　　　　　D. 200

26. 甲公司为增值税一般纳税人,适用的增值税税率为 13%。2022 年 11 月 1 日,甲公司销售 A 产品一台,并负责安装调试,如果电梯不能正常运行,则甲公司需要返修,然后再进行安装和检验,预计将发生成本 4 000 万元,合同约定总价款为 5 000 万元(销售价格与安装费用无法区分)。货物已发出,并开具增值税专用发票,但是安装调试工作需要在 2023 年 1 月 31 日完成。对于该项业务,甲公司在 2022 年应确认的收入金额为(　　)万元。

A. 5 000　　　　　　B. 5 850　　　　　　　C. 4 000　　　　　　　D. 0

27. 甲公司于 2023 年 8 月接受一项产品安装任务,安装期 6 个月,合同总收入 30 万元,年度预收款项 4 万元,余款在安装完成时收回,当年实际发生成本 8 万元,预计还将发生成本 16 万元。假定该安装劳务属于在某一时段内履行的履约义务,且根据累计发生的合同成本占合同预计总成本的比例确认履约进度。则甲公司 2023 年度确认收入为(　　)万元。

A. 8　　　　　　　　B. 10　　　　　　　　　C. 24　　　　　　　　D. 0

28. 当履约进度不能合理确定时,企业已经发生的成本预计能够得到补偿的,应当按照 (　　)金额确认收入,直到履约进度能够合理确定为止。

A. 预计能够得到补偿的成本

B. 已经发生的成本

C. 预计将发生的成本

D. 合同总价款

29. 2022 年 10 月甲公司与乙公司签订一份施工合同,为乙公司建造办公楼,属于在某一时段内履行的单项履约义务。合同总价款为 3 000 万元,预计总成本为 2 500 万元。截至 2022 年 12 月 31 日,为履行合同实际发生成本 1 000 万元,履约进度不能合理确定,已经发生的成本预计能够得到补偿。不考虑相关税费和其他因素,2022 年甲公司应确认的收入为(　　)万元。

A. 1 200　　　　　　B. 1 000　　　　　　　C. 2 500　　　　　　　D. 1 800

30. 某企业为增值税一般纳税人,2022 年实际发生的税费情况如下:增值税 850 万元,消费税 150 万元,房产税 100 万元,车船税 0.5 万元,印花税 1.5 万元,进口环节关税 2 万元。上述各项税费影响当期损益的金额为(   )万元。

    A. 254　　　　　　　　B. 252　　　　　　　　C. 250　　　　　　　　D. 1 104

31. 下列关于费用和损失的表述中,不正确的是(   )。

    A. 工业企业销售产品结转的成本计入主营业务成本

    B. 营业外支出属于企业在日常活动中发生的损失

    C. 向咨询公司支付的咨询费属于期间费用

    D. 因违约支付的罚款属于企业的损失

32. 甲企业 2022 年 12 月份发生如下事项:A 材料的实际成本为 20 万元,销售 A 材料的同时出售单独计价的包装物的成本为 5 万元;生产车间固定资产的折旧费用为 2 万元;出租无形资产的摊销额为 1 万元,出借包装物的摊销额为 0.5 万元。则甲企业 2022 年 12 月份应计入其他业务成本的金额为(   )万元。

    A. 28.5　　　　　　　　B. 26　　　　　　　　C. 8　　　　　　　　D. 26.5

33. 下列选项中,属于其他业务成本核算内容的是(   )。

    A. 交易性金融资产的公允价值变动

    B. 出售不单独计价的包装物的成本

    C. 采用成本模式计量的投资性房地产的折旧额或摊销额

    D. 出售无形资产的净损失

34. 2022 年 11 月甲公司发生如下税费:增值税 60 万元,消费税 80 万元,销售产品应交资源税 5 万元,印花税 2 万元,适用的城市维护建设税和教育费附加的税率和征收率分别为 7% 和 3%,假定不考虑其他因素,下列关于甲公司 11 月份应缴纳城市维护建设税和教育费附加的会计处理中,正确的是(   )

    A. 借记"税金及附加"科目 101 万元

    B. 借记"应交税费——应交城市维护建设税"科目 5.6 万元

    C. 借记"应交税费——应交教育费附加"科目 2.4 万元

    D. 借记"税金及附加"科目 14 万元

35. 甲企业发生的下列相关税费中,不应通过"税金及附加"科目核算的是(   )。

    A. 房产税　　　　　　　　　　　　　B. 城市维护建设税

    C. 城镇土地使用税　　　　　　　　　D. 耕地占用税

36. 下列各项中,应计入期间费用的是(   )。

    A. 计提车间管理用固定资产的折旧费　　　B. 行政管理用固定资产的日常修理费

    C. 车间管理人员的工资费用　　　　　　　D. 销售商品发生的商业折扣

37. 企业为扩大生产经营而发生的业务招待费,应记入(   )科目。

    A. "管理费用"　　　　　　　　　　　B. "财务费用"

    C. "营业费用"　　　　　　　　　　　D. "其他业务成本"

38. 企业为销售产品而专设的销售机构的职工工资应计入(   )。

    A. 管理费用　　　　B. 销售费用　　　　C. 财务费用　　　　D. 制造费用

39. 2022 年 12 月,甲公司管理部门使用的固定资产累计折旧金额为 30 万元,车间管理部门使用的固定资产累计折旧金额为 15 万元,销售部门发生的业务费为 26 万元,财务部门人员的职工薪酬为 10 万元,则 2022 年 12 月甲公司应计入管理费用的金额为(　　)万元。

A. 81　　　　　B. 71　　　　　C. 45　　　　　D. 40

40. 下列各项中,工业企业期末通常需要将科目的期末余额转入生产成本的是(　　)。

A. 管理部门使用的低值易耗品　　　　B. 销售部门领用的包装物

C. 财务部门的职工福利费　　　　　　D. 车间固定资产的折旧费

41. 下列各项中,不影响企业营业利润的是(　　)。

A. 取得银行存款利息收入　　　　　　B. 出售不单独计价包装物成本

C. 毁损报废固定资产的净损失　　　　D. 确认的存货跌价准备

42. 甲企业 2022 年实现营业收入 500 万元,发生营业成本 200 万元、管理费用 30 万元、销售费用 10 万元、投资损失 10 万元、税金及附加 5 万元、营业外收入 15 万元。不考虑其他因素,甲企业 2022 年的营业利润为(　　)万元。

A. 245　　　　　B. 260　　　　　C. 300　　　　　D. 250

43. 下列各项中,不影响利润总额的是(　　)。

A. 计提坏账准备　　　　　　　　　　B. 发生与企业日常活动无关的政府补助

C. 确认当期所得税费用　　　　　　　D. 取得持有国债的利息收入

44. 下列各项中,不计入营业外收入的是(　　)。

A. 确实无法支付的应付账款　　　　　B. 接受捐赠利得

C. 清理报废固定资产利得　　　　　　D. 固定资产盘盈利得

45. 下列各项中,计入营业外支出的是(　　)。

A. 结转售出材料的成本　　　　　　　B. 采购原材料运输途中合理损耗

C. 管理不善导致的原材料盘亏净损失　D. 管理不善导致固定资产盘亏净损失

46. 某企业全年实现利润 1 000 000 元,发生非公益性捐赠支出为 30 000 元,会计折旧比税收折旧多计提 20 000 元。该企业的所得税税率为 25%。计算的当期应交所得税为(　　)元。

A. 250 000　　　B. 255 000　　　C. 262 500　　　D. 257 500

47. 某企业适用的所得税税率为 25%,2022 年年初递延所得税资产账面余额为 100 万元,递延所得税负债账面余额为 40 万元;2022 年年末递延所得税资产账面余额为 150 万元,递延所得税负债账面余额是 70 万元。企业 2022 年递延所得税收益为(　　)万元。

A. 20　　　　　B. 6.6　　　　　C. 83.5　　　　　D. 26.4

48. 甲公司年末存货账面余额 800 万元,已提存货跌价准备 100 万元,假定税法规定,已提存货跌价准备不得税前扣除。则产生的暂时性差异为(　　)万元。

A. 应纳税暂时性差异 800 万元　　　　B. 可抵扣暂时性差异 700 万元

C. 应纳税暂时性差异 900 万元　　　　D. 可抵扣暂时性差异 100 万元

49. 下列负债项目中,其账面价值与计税基础会产生差异的是(　　)。

A. 短期借款　　B. 应付票据　　C. 应付账款　　D. 预计负债

50. 所得税采用资产负债表债务法核算,其暂时性差异是指(　　)。

A. 资产、负债的账面价值与其公允价值之间的差额

B. 资产、负债的账面价值与计税基础之间的差额

C. 资产、负债的公允价值与计税基础之间的差额

D. 仅仅是资产的账面价值与计税基础之间的差额

51. A 公司 2022 年度利润总额为 300 万元,其中本年度国债利息收入 15 万元,税收滞纳金 5 万元,实际发生的业务招待费 25 万元(税法核定的业务招待费 15 万元)。递延所得税负债年初数为 2 万元,年末数为 3 万元,递延所得税资产年初数为 5 万元,年末数为 3 万元。适用的企业所得税税率为 25%,假定不考虑其他因素,A 公司 2022 年度应纳税所得额为(　　)万元。

A. 299　　　　　B. 300　　　　　C. 295　　　　　D. 294

52. 甲企业 2022 年当期应交所得税为 550 万元,递延所得税负债年初数为 30 万元,年末数为 50 万元。递延所得税资产年初数为 25 万元,年末数为 35 万元。不考虑其他因素,该企业 2022 年应确认的所得税费用为(　　)万元。

A. 560　　　　　B. 535　　　　　C. 550　　　　　D. 540

53. 甲企业为增值税一般纳税人,适用的企业所得税税率为 25%。2022 年甲企业实现利润总额 600 万元,其中税收滞纳金 10 万元,国债利息收入 5 万元,无其他纳税调整事项。甲企业 2022 年利润表"净利润"项目本期金额栏应填列的金额为(　　)万元。

A. 448.75　　　　　B. 453.75　　　　　C. 446.25　　　　　D. 451.25

54. 下列各科目中,年末应有余额的是(　　)。

A. "管理费用"　　　　　　　　　　　B. "资产减值损失"

C. "营业外收入"　　　　　　　　　　D. "预付账款"

55. 某工业企业本期的营业收入为 100 万元,营业成本为 50 万元,管理费用为 10 万元,投资收益为 20 万元,所得税费用为 18 万元。假定不考虑其他因素,该企业本期营业利润为(　　)万元。

A. 40　　　　　B. 42　　　　　C. 60　　　　　D. 72

56. 甲企业本期主营业务收入为 500 万元,主营业务成本为 300 万元,其他业务收入为 200 万元,其他业务成本为 100 万元,销售费用为 15 万元,资产减值损失为 45 万元,公允价值变动收益为 60 万元,投资收益为 20 万元,假定不考虑其他因素,该企业本期营业利润为(　　)万元。

A. 300　　　　　B. 320　　　　　C. 365　　　　　D. 380

57. 某企业 2022 年度计算的应交所得税为 75 万元,所得税税率为 25%。2022 年度发生非公益性捐赠支出 15 万元,取得国债利息收入 12 万元,会计核算上计提折旧费用 25 万元,按税法规定计提折旧为 18 万元。在上述条件下,该企业 2022 年度的净利润为(　　)万元。

A. 216.75　　　　　B. 215　　　　　C. 218　　　　　D. 212

58. 某工业企业 2022 年度营业利润为 4 530 万元,主营业务收入为 5 000 万元,销售费用为 20 万元,管理费用为 15 万元,投资收益为 20 万元,营业外收入为 120 万元,营业外支出为 100 万元,所得税税率为 25%。假定不考虑其他因素,该企业 2022 年度的净利润应为(　　)万元。

A. 3 397.5　　　　　B. 3 427.5　　　　　C. 3 412.5　　　　　D. 3 753.75

59. 下列各项中,不属于费用的是(　　)。

A. 主营业务成本　　　B. 销售费用　　　　　C. 财务费用　　　　　D. 营业外支出

60. 甲公司 2022 年度发生的有关交易或事项如下:

(1) 因出租房屋取得租金收入 120 万元;

(2) 因处置固定资产产生净收益 30 万元;

(3) 收到联营企业分派的现金股利 60 万元;

(4) 因收发差错造成存货短缺净损失 10 万元;

(5) 管理用机器设备发生日常维护支出 40 万元;

(6) 办公楼所在地块的土地使用权摊销 300 万元;

(7) 持有的交易性金融资产公允价值上升 60 万元;

(8) 因存货市价上升转回上年计提的存货跌价准备 100 万元。

甲公司 2022 年度因上述交易或事项而确认的管理费用金额为(　　)万元。

A. 240　　　　　　　　B. 250　　　　　　　　C. 340　　　　　　　　D. 350

二、多项选择题

1. 企业在采用成本法确定履约进度时,可能需要对已发生的成本进行适当调整的情形有(　　)。

A. 已发生的成本并未反映企业履行其履约义务的进度

B. 已发生的成本反映企业履行其履约义务的进度

C. 已发生的成本与企业履行其履约义务的进度不成比例

D. 已发生的成本与企业履行其履约义务的进度成比例

2. 对于在某一时点履行的履约义务,企业应当在客户取得相关商品控制权时确认收入。在判断客户是否取得商品的控制权时,企业应当考虑的迹象有(　　)。

A. 客户已接受该商品

B. 客户已拥有该商品的法定所有权

C. 客户已取得该商品所有权上的主要风险和报酬

D. 客户对该商品无现时付款义务

3. 企业为履行合同发生的成本,不属于其他企业会计准则规范范围且同时满足下列条件,应将合同履约成本确认为一项资产的有(　　)。

A. 该成本与一份当前或预期取得的合同直接相关

B. 该成本增加了企业未来用于履行履约义务的资源

C. 该成本预期能够收回

D. 该成本预期可能收回

4. 2023 年 1 月 5 日,甲公司向客户销售 A 产品一批,合同规定:销售价格为 1 250 万元,必须在交货后的 18 个月内支付,客户在合同开始时即获得该产品的控制权。在合同开始时点、按相同条款和条件出售相同产品、并于交货时支付货款的价格为 1 000 万元,该产品的成本为 850 万元。假定不考虑相关税费,则下列说法中正确的有(　　)。

A. 该合同属于含有重大融资成分的合同

B. 发出商品时,应确认收入 1 250 万元

C. 该项交易应确认营业成本 850 万元

D. 交易价格与合同对价的差额,应在合同期间内采用实际利率法进行摊销

5. 甲公司是一家咨询公司,其通过竞标赢得一个新客户,为取得和该客户的合同,甲公司发生下列支出:① 聘请外部律师进行尽职调查的支出为 15 000 元;② 因投标发生的差旅费为 10 000 元;③ 销售人员佣金为 5 000 元,甲公司预期这些支出未来能够收回。此外,甲公司根据其年度销售目标、整体盈利情况及个人业绩等,向销售部门经理支付年度奖金 10 000 元。不考虑其他因素。下列说法正确的有(　　　　　　　)。

A. 向销售人员支付的佣金 5 000 元,属于为取得合同发生的增量成本

B. 聘请外部律师进行尽职调查的支出 15 000 元,属于为取得合同发生的增量成本

C. 因投标发生的差旅费 10 000 元,不属于为取得合同发生的增量成本

D. 上述相关支出作为合同取得成本确认为一项资产的金额为 5 000 元

6. 下列各项中,属于建造合同履约成本中的直接费用的有(　　　　　　　)。

A. 耗用的材料费用　　　　　　　　B. 耗用的人工费用

C. 耗用的机械使用费　　　　　　　D. 低值易耗品摊销费用

7. 下列关于合同资产和合同负债的表述中,不正确的有(　　　　　　　)。

A. 合同资产和合同负债应当在利润表中单独列示

B. 同一合同下的合同资产和合同负债不得相互抵销

C. 不同合同下的合同资产和合同负债应当以净额列示

D. 合同资产和合同负债属于流动资产和流动负债

8. 下列各项中,属于与收入确认有关的步骤的有(　　　　　　　)。

A. 识别与客户订立的合同　　　　　B. 识别合同中的单项履约义务

C. 将交易价格分摊至各单项履约义务　D. 履行各单项履约义务时确认收入

9. 下列各项中,不属于判断企业取得商品控制权的要素的有(　　　　　　　)。

A. 能力　　　　　　　　　　　　　B. 商品价值

C. 市场环境　　　　　　　　　　　D. 能够获得商品大部分的经济利益

10. 下列各项中,属于企业在履约过程中在建的商品的有(　　　　　　　)。

A. 在产品　　　　　　　　　　　　B. 在建工程

C. 尚未完成的研发项目　　　　　　D. 正在进行的服务

11. 下列关于企业无须退回的初始费的表述中,正确的有(　　　　　　　)。

A. 企业在合同开始(或接近合同开始)日向客户收取的无须退回的初始费应当计入交易价格

B. 该初始费与向客户转让已承诺的商品相关,并且该商品构成单项履约义务的,企业应当在转让该商品时,按照分摊至该商品的交易价格确认收入

C. 该初始费与向客户转让已承诺的商品相关,但该商品不构成单项履约义务的,企业应当在包含该商品的单项履约义务履行时,按照分摊至该单项履约义务的交易价格确认收入

D. 该初始费与向客户转让已承诺的商品不相关的,该初始费应当作为未来将转让商品的预收款,在未来转让该商品时确认为收入

12. 按现行会计准则的规定,下列项目中,不应确认为收入的有(   )。

A. 固定资产出售收入
B. 设备出租收入
C. 罚款收入
D. 销售商品收取的增值税税款

13. 下列为履行合同发生的各项支出中,应计入当期损益的有(   )。

A. 履行合同耗用的原材料
B. 明确由客户承担的场地清理费
C. 与过去的履约活动相关的支出
D. 非正常消耗的直接材料费用

14. 企业费用的主要内容包括(   )。

A. 主营业务成本
B. 税金及附加
C. 销售费用
D. 管理费用

15. 下列项目中,可能列入财务费用的有(   )。

A. 银行存款的利息收入
B. 外币兑换发生的汇兑损失
C. 金融机构手续费
D. 购货方享受的现金折扣

16. 下列费用中,应当作为管理费用核算的有(   )。

A. 排污费
B. 业务招待费
C. 矿产资源补偿费
D. 管理部门固定资产修理费

17. 下列各项中,属于企业销售费用核算范围的有(   )。

A. 广告费
B. 业务招待费
C. 预计产品质量保证损失
D. 专设销售机构发生的固定资产修理费

18. 下列各项中属于期间费用的有(   )。

A. 印花税
B. 诉讼费
C. 车间管理人员的工资
D. 管理部门人员的工资

19. 下列各项中,属于企业的期间费用的有(   )。

A. 生产车间管理人员的工资
B. 专设售后服务网点的职工薪酬
C. 企业筹建期间发生的开办费
D. 企业负担的生产职工养老保险费

20. 下列各项中,关于营业成本的表述中,正确的有(   )。

A. 营业成本是企业日常经营活动发生的支出
B. 营业成本由主营业务成本和其他业务成本组成
C. 营业成本会导致利润总额减少
D. 一般情况下,企业在确认销售商品收入时应同时结转主营业务成本

21. 下列各项中,不计入主营业务成本的有(   )。

A. 工业企业销售自产产品的成本
B. 出租包装物发生的修理费用
C. 暴雨导致库存商品毁损的净损失
D. 税务咨询公司提供咨询服务发生的支出

22. 下列各项中,应计入其他业务成本的有(   )。

A. 随同商品出售不单独计价的包装物成本
B. 随同商品出售单独计价的包装物成本
C. 领用的用于出租的新包装物成本
D. 对外销售的原材料成本

23. 下列各项目属于其他业务成本核算的内容有(   )。

A. 出售固定资产发生的清理费

B. 出租投资性房地产支付的服务费

C. 销售材料结转的材料成本

D. 出售无形资产结转的无形资产的摊余价值

24. 企业在计提下列各项减值准备时,应通过"资产减值损失"科目核算的有( )。

A. 坏账准备   B. 存货跌价准备

C. 无形资产减值准备   D. 固定资产减值准备

25. 下列项目中,应计入营业外支出的有( )。

A. 出售无形资产净损失   B. 火灾造成的存货毁损净损失

C. 交纳的税收滞纳金   D. 公益性捐赠支出

26. 下列项目中,属于营业外收入的有( )。

A. 转让无形资产所有权取得的收入   B. 固定资产盘盈收入

C. 无法支付的应付账款   D. 现金盘盈收入

27. 下列经济业务中,影响当期损益的有( )。

A. 投资性房地产计提累计折旧

B. 计提生产车间设备折旧

C. 权益法核算的长期股权投资确认享有的被投资方其他综合收益变动

D. 销售产品确认收入

28. 下列资产项目中,可能产生应纳税暂时性差异的有( )。

A. 存货   B. 固定资产

C. 无形资产   D. 交易性金融资产

29. 采用资产负债表债务法核算所得税的情况下,影响当期所得税费用的因素有( )。

A. 本期应交的所得税

B. 本期发生的暂时性差异所产生的递延所得税负债

C. 本期转回的暂时性差异所产生的递延所得税资产

D. 本期发生的暂时性差异所产生的递延所得税资产

E. 本期转回的暂时性差异所产生的递延所得税负债

30. 下列各项中,影响企业营业利润的有( )。

A. 管理费用   B. 税金及附加   C. 所得税费用   D. 投资收益

31. 下列项目中,会影响企业营业利润的有( )。

A. 按规定程序批准后结转的固定资产盘盈

B. 有确凿证据表明存在某金融机构的款项无法收回

C. 为管理人员缴纳商业保险

D. 无法查明原因的现金短缺

E. 权益法下被投资单位实现利润

32. 下列项目中,可能引起企业利润增加的有( )。

A. 接受现金捐赠   B. 出租包装物

C. 确认无法支付的应付账款   D. 期末交易性金融资产公允价值增加

33. 下列各项中,影响营业利润的有( )。

A. 出售固定资产净收益
B. 原材料的销售收入
C. 购买办公用品的费用
D. 资产减值损失

三、判断题

1. 可变对价最佳估计数的确定应按照期望值或最可能发生金额确定。 ( )

2. 与合同取得成本相关的资产,应按照企业因转让与该资产相关的商品预期能够取得的剩余对价与为转让该相关商品估计将要发生的成本之间的差额计提减值损失。 ( )

3. 企业就该商品享有现时收款权利说明该商品的控制权已经转移。 ( )

4. 对于在某一时段内履行的履约义务,无需考虑履约进度是否能够合理确定,均应当确认收入。 ( )

5. 企业代第三方收取的款项以及企业预期将退还给客户的款项,应当计入交易价格。 ( )

6. 企业在评估其因向客户转让商品而有权取得的对价是否很可能收回时,要考虑多种因素,其中包含客户到期时支付对价的能力和意图。 ( )

7. 企业确认收入的方式应当反映其向客户转让商品的模式,收入的金额应当反映企业因转让这些商品而预期有权收取的对价的金额。 ( )

8. 企业因现有合同续约或发生合同变更需要支付的额外佣金,不属于为取得合同发生的增量成本。 ( )

9. 对于确认为资产的合同履约成本和合同取得成本,企业应当采用平均摊销法,在合同年限内进行摊销,摊销额计入当期损益。 ( )

10. 采用预收款方式销售商品时,企业通常应在发出商品时确认收入,在此之前预收的货款应确认为合同负债。 ( )

11. 合同中存在重大融资成分的,企业应按将来要收取的全部价款确认收入。 ( )

12. 企业和客户签订的合同如果既有商品销售又有提供劳务服务时,如果商品销售和提供劳务服务具有高度关联,则二者应分别作为单项履约义务处理。 ( )

13. 对于构成单项履约义务的授予知识产权许可,企业应当将其直接作为在某一时段内履行的履约义务。 ( )

14. 包括在商品售价内可区分的服务费,在销售商品确认收入的同时确认服务费收入。 ( )

15. 企业提供重大权利的,应当作为单项履约义务,按照有关交易价格分摊的要求将交易价格分摊至该履约义务,在客户未来行使购买选择权取得相关商品控制权时,或者该选择权失效时,确认相应的收入。 ( )

16. 只要商品销售收入的金额能够可靠计量,企业就可以确认收入。 ( )

17. 企业在销售商品时,如果估计价款收回可能性不大,尽管收入确认的其他条件满足,也不应确认收入。 ( )

18. "发出商品"科目的期末余额应并入资产负债表"存货"项目反映。 ( )

19. 委托代销商品中,受托方收到代销手续费的时候,应该冲减企业的销售费用和应付

账款。　　　　　　　　　　　　　　　　　　　　　　　　　　　　　　(　)

20. 企业出售无形资产和出租无形资产取得的收益,均应作为其他业务收入。　(　)

21. 某企业年初未分配利润借方余额为 45 万元,以及企业上年亏损 45 万元,当年实现利润总额 20 万元,则企业当年需要交纳企业所得税 5 万元。　　　　　　　(　)

22. 企业已计入管理费用的超标的业务招待费应调整增加企业的应纳税所得额。(　)

23. 计提的长期借款的利息费用均计入财务费用中。　　　　　　　　　　(　)

24. 会计核算未作为资产和负债确认的项目,如按照税法规定可以确定其计税基础,则该计税基础与其账面价值之间的差额应属于暂时性差异。　　　　　　　　　(　)

四、业务处理题

1. 甲工业企业 10 月份发生如下的经济业务:

(1) 销售给 A 公司 A 产品 100 件,每件售价为 4 000 元,货款为 400 000 元,单位成本为 2 500 元,增值税税率为 13%,已收到款项并存入银行。

(2) 企业出售专利技术一项,该项无形资产原价 60 000 元,累计摊销 20 000 元,销售价格 50 000 元,增值税税率为 6%。

(3) 以前月份销售的 B 产品本月退回 20 件,每件售价为 2 000 元,单位成本为 1 500 元,货款已通过银行退回。

(4) 本月固定资产盘亏净损失 18 000 元,经批准做相应的账务处理。

(5) 接受某企业现金捐赠 20 000 元。

(6) 发生管理费用 3 000 元、销售费用 2 000 元、财务费用 35 000 元,均用银行存款支付。

要求:根据上述资料,编制相关会计分录。

2. 甲船舶制造企业于 2022 年 10 月 12 日接受客户订货,为客户制造一艘船舶,工期约 7 个月,合同规定总价款为 1 000 000 元,分两期收取,客户财务状况和信誉良好。2022 年 10 月 15 日,通过银行收到客户首期付款 600 000 元,剩余款项于完工时支付。至 2022 年年末,甲船舶企业为制造该船舶已发生成本 550 000 元,经专业测量师测量,船舶的制造完成程度为 60%。预计到制造完成该艘船舶还将发生成本 200 000 元,并预计能按时完成该项工程。

要求:根据上述资料,编制甲船舶制造企业 2022 年制造船舶开始到制造完成的会计分录。不考虑相关税费。

3. 甲企业为增值税一般纳税企业,适用的增值税税率为 13%。9 月 1 日与乙企业签订代销协议,委托乙企业销售 A 商品 1 000 件,协议价为 180 元/件,该商品的实际成本为 160 元/件,受托方按协议价的 10% 收取手续费。9 月 3 日,甲企业按合同向乙企业交付商品。9 月 30 日,乙企业已将 A 商品 800 件销售给顾客,款项均已收存银行并将所售的代销商品清单交付给甲企业,并收到甲企业按协议价开具的增值税专用发票。10 月 8 日,甲企业收到乙企业支付的代销商品款(手续费已扣除)。

要求:根据上述资料,编制甲企业代销业务的会计分录("应交税费"科目须写出明细科目)。

4. H 股份有限公司(以下简称 H 公司)为增值税一般纳税企业。该公司本年度发生如下业务(销售价款均不含应向客户收取的增值税税额):

（1）H 公司与 A 公司签订一项购销合同，合同规定 H 公司为 A 公司建造安装两台电梯，合同价款为 1 000 万元。按合同规定，A 公司在 H 公司交付商品前预付价款的 20%，其余价款在 H 公司将商品运抵 A 公司并安装检验合格后才予以支付。H 公司于本年 12 月 25 日将完成的商品运抵 A 公司，预计于次年 1 月 31 日全部安装完成。该电梯的实际成本为 600 万元，预计安装费用为 20 万元。

（2）H 公司销售给 B 企业一台设备，销售价款为 80 万元，H 公司已开出增值税专用发票，并将提货单交与 B 企业，B 企业已开出商业承兑汇票，商业汇票期限为 3 个月，到期日为次年 3 月 5 日。由于 B 企业安装该设备的场地尚未确定，经 H 公司同意，设备于次年 1 月 20 日再予提货。该设备的实际成本为 50 万元。

（3）H 公司委托 W 商店代销商品一批，代销价款为 150 万元。收到 W 商店交来的代销清单，代销清单列明已销售代销商品的 60%，W 商店按代销价款的 10% 收取手续费。该批商品的实际成本为 90 万元。

（4）H 公司销售给 D 企业一台自产的设备，销售价款为 50 万元，D 企业已支付全部款项。该设备本年 12 月 31 日尚未完工。

（5）8 月 5 日，赊销给 C 公司产品 100 件，销售价款计 50 万元，实际成本为 30 万元。公司在合同中规定现金折扣条件为：2/10，1/20，n/30，基于对 C 公司的了解，预计 C 公司 20 天内付款的概率为 90%，20 天后付款的概率为 10%。

（6）11 月 1 日，H 公司接收一项产品安装劳务（适用 6% 的增值税税率），安装期为 3 个月，合同总收入为 60 万元，年底双方按照完工进度结算款项 42 万元，增值税税款 2.52 万元，已结清。至年底已实际发生的成本为 28 万元，估计还将发生的成本为 12 万元。

（7）12 月 2 日，H 公司收到 B 公司来函，要求对当年 11 月 10 日所购商品在价格上给予 10% 的折让（H 公司在该批商品售出时确认销售收入 500 万元，未收款）。经查核，该批商品外观存在质量问题。H 公司同意了 B 公司提出的折让要求。当日，收到 B 公司交来的税务机关开具的索取折让证明单，并开具红字增值税专用发票。

要求：根据上述经济业务，编制相关会计分录。

5. 甲股份有限公司（以下简称"甲公司"）为上市公司，该公司适用的所得税税率为 25%。该公司 2022 年利润总额为 6 000 万元，涉及所得税会计的交易或事项如下：

（1）2022 年 1 月 1 日，以 2 044.70 万元自证券市场购入当日发行的一项 3 年期到期还本付息国债。该国债票面金额为 2 000 万元，票面年利率为 5%，年实际利率为 4%，到期日为 2024 年 12 月 31 日。甲公司将该国债作为债权投资核算。

税法规定，国债利息收入免交所得税。

（2）2021 年 12 月 15 日，甲公司购入一项管理用设备，支付购买价款、运输费、安装费等共计 2 400 万元。12 月 26 日，该设备经安装达到预定可使用状态。甲公司预计该设备使用年限为 10 年，预计净残值为零，采用年限平均法计提折旧。

税法规定，该类固定资产的折旧年限为 20 年。假定甲公司该设备预计净残值和采用的折旧方法符合税法规定。

（3）2022 年 6 月 20 日，甲公司因废水超标排放被环保部门处以 300 万元罚款，罚款已用银行存款支付。

税法规定,企业违反国家法规所支付的罚款不允许在税前扣除。

(4) 2022 年 9 月 12 日,甲公司自证券市场购入某股票,支付价款 500 万元(假定不考虑交易费用)。甲公司将该股票作为交易性金融资产核算。12 月 31 日,该股票的公允价值为 1 000 万元。

假定税法规定,交易性金融资产持有期间公允价值变动金额不计入应纳税所得额,待出售时一并计入应纳税所得额。

(5) 2022 年 10 月 10 日,甲公司由于为乙公司银行借款提供担保,乙公司未如期偿还借款,而被银行提起诉讼,要求其履行担保责任。12 月 31 日,该诉讼尚未审结。甲公司预计履行该担保责任很可能支出的金额为 2 200 万元。

税法规定,企业为其他单位债务提供担保发生的损失不允许在税前扣除。

(6) 其他有关资料如下:

① 甲公司预计 2022 年 1 月 1 日存在的暂时性差异将在 2023 年 1 月 1 日以后转回;

② 甲公司上述交易或事项均按照企业会计准则的规定进行了处理;

③ 甲公司预计在未来期间有足够的应纳税所得额用于抵扣可抵扣暂时性差异。

要求:

(1) 计算甲公司 2022 年 12 月 31 日暂时性差异。

(2) 计算甲公司 2022 年应纳税所得额和应交所得税。

(3) 计算甲公司 2022 年应确认的递延所得税和所得税费用。

(4) 编制甲公司 2022 年确认所得税费用的相关会计分录。

五、案例分析题

1. 甲公司进口买断国外某电影的国内放映权(包括影院放映权,新媒体,电视剧放映权等你),现将该影片的院线放映权以 2 000 万的价格卖给乙公司,2 000 万合同中写明的 2 000 万是基于该片预期票房 6 000 万乘以 33.33%(通常电影版权方可以获取的票房收益比例点数)。

合同中同时约定甲公司应尽勤勉,尽责宣传该影片,乙公司有权享有对宣传工作的知情权。合同约定无论该片是否上映,乙公司均需要无条件支付相应款项 2 000 万。合同同时约定上游影院(若上映)将票房收益的 33.34% 打入甲公司账户后,甲公司需无条件将该票房收益等额转给乙公司。合同约定乙公司不能将该票房收益权再转让给其他任何方,同时乙公司不享有该影片的任何知识产权。签订转让票房收益权距企业预期的上映时间有 1 年,能否上映存在较大的不确定性(需要国内主管机关的审批)

思考分析:对于甲公司来说是否存在两项履约义务:尽职宣传和转让票房收益权还是一项履约义务?还是只是一项履约义务即转让票房收益权?是期间确认收入还是时点?若是时点如何确认时点,若是期间如何确认履约进度?

2. 一家手机制造并销售的公司,在销售手机的同时也会附带两种额外收费的保障服务,一种是手机碎屏险,该保障约定购买后在一年以内可以免费换碎屏一次,另一种是延保服务,约定购买后可以将质保期延长一年。公司财务人员认为这是一种产品保障,由于这种保障责任产生的赔付义务是一种触发性义务,而不是在合同期间内的持续性义务,由此对应的收入应是在时点确认的收入而不是期间确认收入,合同的期限一年并不说明保障义务在此期间内持续发生,而仅是客户权利的有效期,与服务是否发生无直接关系。所以认为该类保障应该适用或有事项准则,将收到的碎屏险销售款后一次性确认为收入并根据预计的概率计提预计负债,而不是将收入在有效期内分期确认收入。

思考分析:财务人员的理解是否正确? 如果不正确,那这类事项应如何理解,如何进行会计处理。

3. 某公司主要做加盟服务,开业前会向客户一次性收取加盟费,以后每年向客户收取品牌使用费 7 000 元,考虑每年收取的,根据重要性原则,财务人员将收取的品牌使用费一次性计入收取当年的收入。

思考分析:财务人员的处理合适吗?

4. 某风力发电公司,采购电力设备后可能出现故障,导致发电暂停,由此产生的损失如在质保期内,合同约定设备供应商需修理好并需赔偿发电暂停损失。公司采购设备后作为固定资产,成本主要为设备折旧。设备故障基本每年都有,公司根据合同每年都会收到设备质量赔款。

思考分析:由此产生的赔偿收入是否可比照一般的材料供应商的质量赔款,冲减营业成本,作为经常性损益?

项目十三 所有者权益核算

一、单项选择题

1. 采用溢价发行股票方式筹集资本,其"股本"科目所登记的金额是( )。

A. 实际收到的款项

B. 实际收到的款项减去付给证券商的费用

C. 实际收到的款项加上冻结资金期间的利息收入

D. 股票面值乘以股份总数

2. 某上市公司发行普通股 1 000 万股,每股面值 1 元,每股发行价格 5 元,支付手续费 20 万元。该公司发行普通股计入股本的金额为( )万元。

A. 1 000　　　　　B. 4 920　　　　　C. 4 980　　　　　D. 5 000

3. 企业接受非现金资产投资时,应按( )(其不公允的除外)确定非现金资产价值和在注册资本中应享有的份额。

A. 投资合同约定的价值　　　　　B. 被投资方确定的价值

C. 投资方非现金资产的账面价值　　　　　D. 投资方确定的价值

4. 甲公司成立时收到乙公司作为资本投入的原材料一批,该批原材料投资合同约定的价值(不含增值税进项税额)为 400 000 元,增值税进项税额为 52 000 元。乙公司已开具了增值税专用发票。假设合同约定的价值与公允价值相符,该增值税进项税额允许抵扣,不考虑其他因素,甲公司应计入实收资本的金额为( )元。

A. 400 000　　　　　B. 452 000　　　　　C. 424 000　　　　　D. 366 000

5. 甲公司为增值税一般纳税人,收到乙公司作为资本投入的原材料一批,合同约定该批材料不含增值税的价值为 100 万元,增值税税额 13 万元(由乙公司支付),甲公司已取得增值税专用发票。该批材料合同约定的价值与公允价值相符,乙公司享有甲公司注册资本的份额为 80 万元。不考虑其他因素,下列各项中,甲公司接受乙公司投资相关会计处理表述正确的是( )。

A. 借记"原材料"科目 113 万元

B. 贷记"实收资本"科目 100 万元

C. 贷记"应交税费——应交增值税(进项税额)"科目 13 万元

D. 贷记"资本公积——资本溢价"科目 33 万元

6. 甲有限责任公司注册资本为 1 000 000 元,设立时收到乙公司投入的不需要安装的设备一台,合同约定该设备的价值为 200 000 元,增值税进项税额为 26 000 元(由投资方支付税款并提供增值税专用发票）。合同约定的价值与公允价值一致，乙公司享有甲公司注册资本20%的份额。不考虑其他因素，下列各项中，关于甲公司接受乙公司投资的会计处理正确的是（ ）。

A. 借：固定资产 226 000
  贷：实收资本 200 000
    资本公积 26 000

B. 借：固定资产 200 000
  应交税费——应交增值税（进项税额） 26 000
  贷：实收资本 200 000
    资本公积 26 000

C. 借：固定资产 200 000
  应交税费——应交增值税（进项税额） 26 000
  贷：实收资本 226 000

D. 借：固定资产 226 000
  贷：实收资本 226 000

7. 某有限责任公司由A、B两个股东各出资50万元而设立，设立时实收资本为100万元，经过三年营运，该公司盈余公积和未分配利润合计为50万元。这时C投资者有意参加，经各方协商以100万元出资占该公司所有者权益总额的1/3比例，该公司在接受C投资者投资时，应借记"银行存款"科目100万元，贷记（ ）。

A. "实收资本"科目60万元，"资本公积"科目40万元
B. "实收资本"科目75万元，"资本公积"科目25万元
C. "实收资本"科目100万元
D. "实收资本"科目50万元，"资本公积"科目50万元

8. 有限责任公司在增资扩股时，如有新投资者加入，新加入的投资者缴纳的出资额大于其在注册资本中所占的份额部分，不记入"实收资本"科目，而作为（ ）。

A. 盈余公积　　　B. 资本公积　　　C. 未分配利润　　　D. 营业外收入

9. 下列各项中，股份有限公司回购股票支付的价款低于股票面值总额的差额，在注销股份时应记入（ ）科目。

A. "利润分配——未分配利润"　　　B. "盈余公积"
C. "资本公积"　　　D. "营业外收入"

10. 2023年6月30日，某股份有限公司的股本为5 000万元（面值为1元），资本公积（股本溢价）为1 000万元，盈余公积为1 600万元。经股东大会批准，该公司回购本公司股票200万股并注销，回购价格为每股3元。不考虑其他因素，下列各项中，关于该公司注销全部库存股的会计处理结果正确的是（ ）。

A. 盈余公积减少600万元　　　B. 股本减少600万元
C. 资本公积减少400万元　　　D. 盈余公积减少400万元

11. 甲股份有限公司以每股4元的价格回购股票1 000万股，股票每股面值为1元，共支付回购款4 050万元。回购时，公司的股本为11 000万元，资本公积溢价为3 000万元（均为该

股票产生),盈余公积为 450 万元,未分配利润为 550 万元。回购股票并注销后甲公司的所有者权益总额为( )万元。

    A. 15 000　　　　　　B. 14 000　　　　　　C. 11 950　　　　　　D. 10 950

12. 某企业委托券商代理发行股票 1 000 万股,每股面值为 1 元,每股发行价格为 6 元。按发行价格的 1% 支付券商发行费用,该企业在收到股款时,应记入"资本公积"科目的金额为( )万元。

    A. 4 930　　　　　　B. 4 940　　　　　　C. 4 950　　　　　　D. 5 000

13. 下列关于股份公司溢价发行股票的相关会计处理表述中,正确的是( )。

A. 发行股票溢价计入盈余公积

B. 发行股票相关的印花税计入股本

C. 发行股票相关的手续费应从溢价中抵扣

D. 发行股票取得的款项全部计入股本

14. 某企业年初"利润分配——未分配利润"科目借方余额为 100 万元,当年实现净利润为 300 万元。不考虑其他因素,该企业年末可供分配利润为( )万元。

    A. 100　　　　　　B. 400　　　　　　C. 300　　　　　　D. 200

15. 下列各项中,不影响当年可供分配利润的是( )。

A. 当年资本公积转增资本　　　　　　B. 弥补年初未弥补亏损

C. 当年盈余公积补亏　　　　　　　　D. 当年实现净利润

16. 某企业 2022 年 1 月 1 日所有者权益构成情况如下:实收资本 1 500 万元,资本公积 100 万元,盈余公积 300 万元,未分配利润 200 万元。2022 年度实现利润总额为 600 万元,企业所得税税率为 25%。假定不存在纳税调整事项及其他因素,该企业 2022 年 12 月 31 日可供分配利润为( )万元。

    A. 600　　　　　　B. 650　　　　　　C. 800　　　　　　D. 1 100

17. 下列有关利润分配的顺序中,正确的是( )。

A. 提取法定盈余公积、提取任意盈余公积、向投资者分配利润

B. 向投资者分配利润、提取法定盈余公积、提取任意盈余公积

C. 向投资者分配利润、提取任意盈余公积、提取法定盈余公积

D. 提取法定盈余公积、向投资者分配利润、提取任意盈余公积

18. 如果企业的法定盈余公积累计额已达到注册资本的( )时可以不再提取。

    A. 20%　　　　　　B. 50%　　　　　　C. 80%　　　　　　D. 100%

19. 如果企业当年实现的净利润为 200 000 元,按 10% 的比例提取法定盈余公积,在假设年初未分配利润为 100 000 元和假设以前年度有未弥补亏损 100 000 元(用税后利润弥补)的情况下,企业应提取的法定盈余公积分别为( )。

    A. 20 000 元和 20 000 元　　　　　　B. 30 000 元和 10 000 元

    C. 30 000 元和 20 000 元　　　　　　D. 20 000 元和 10 000 元

20. 法定盈余公积和任意盈余公积的主要区别在于( )。

A. 计提的依据不同　　　　　　B. 计提的比例不同

C. 用途不同　　　　　　　　　D. 计提的基数不同

21. 某企业年初未分配利润为 160 000 元,当年实现净利润为 320 000 元,该企业按净利润的 10% 提取法定盈余公积,按净利润的 5% 提取任意盈余公积,分配现金股利 80 000 元。则该企业年末未分配利润为(　　)元。

　　A. 320 000　　　　B. 432 000　　　　C. 352 000　　　　D. 480 000

22. 2022 年 1 月 1 日,某股份有限公司未分配利润为 100 万元,2022 年度实现净利润 400 万元,法定盈余公积的提取率为 10%,不考虑其他因素,下列关于盈余公积的账务处理正确的是(　　)。

　　A. 借:利润分配——提取法定盈余公积　　　　　　　　　400 000
　　　　　贷:盈余公积　　　　　　　　　　　　　　　　　　　　400 000
　　B. 借:本年利润——提取法定盈余公积　　　　　　　　　400 000
　　　　　贷:盈余公积　　　　　　　　　　　　　　　　　　　　400 000
　　C. 借:本年利润——提取法定盈余公积　　　　　　　　　500 000
　　　　　贷:盈余公积　　　　　　　　　　　　　　　　　　　　500 000
　　D. 借:利润分配——提取法定盈余公积　　　　　　　　　500 000
　　　　　贷:盈余公积　　　　　　　　　　　　　　　　　　　　500 000

23. 某企业 2022 年年初盈余公积为 100 万元,当年实现净利润为 200 万元。提取盈余公积 20 万元,用盈余公积转增资本 30 万元,用盈余公积向投资者分配现金股利 10 万元,2022 年年末该企业盈余公积为(　　)万元。

　　A. 70　　　　　　B. 80　　　　　　C. 90　　　　　　D. 60

24. 下列各项中,企业应通过"利润分配"科目核算的是(　　)。

　　A. 支付已宣告发放的现金股利　　　　B. 以盈余公积转增资本
　　C. 以股票溢价抵扣股票发行手续费　　D. 以盈余公积弥补亏损

25. 2022 年年初某公司"盈余公积"余额为 120 万元,当年实现利润总额 900 万元,所得税费用 300 万,按 10% 提取盈余公积,经股东大会批准用盈余公积 50 万元转增资本,2022 年 12 月 31 日,该公司资产负债表中盈余公积年末余额为(　　)万元。

　　A. 120　　　　　　B. 180　　　　　　C. 70　　　　　　D. 130

26. 某股份有限公司年初未分配利润 75 万元,当年实现净利润 750 万元,分别按 10% 和 5% 计提法定盈余公积和任意盈余公积,当年宣告发放股票股利 60 万元。不考虑其他因素,该公司年末未分配利润余额为(　　)万元。

　　A. 577.5　　　　　B. 641.25　　　　C. 652.5　　　　D. 712.5

27. 下列关于企业所有者权益的说法中,错误的是(　　)。

　　A. 未分配利润可以弥补亏损　　　　B. 盈余公积可以按照规定转增资本金
　　C. 资本公积可以弥补企业亏损　　　　D. 资本公积可以按照规定转增资本金

28. 下列各项中,能够引起企业所有者权益减少的是(　　)。

　　A. 以资本公积转增资本　　　　　　B. 股东大会宣告派发现金股利
　　C. 提取法定盈余公积　　　　　　　　D. 以盈余公积弥补亏损

29. 2022 年 1 月 1 日,某企业"利润分配——未分配利润"科目借方余额为 1 000 万元,"盈余公积"科目贷方余额为 1 500 万元,当年实现净利润 6 000 万元,提取盈余公积 500 万元。

不考虑其他因素,2022 年 12 月 31 日该企业的留存收益总额为(   )万元。

    A. 5 000   B. 6 000   C. 6 500   D. 4 500

二、多项选择题

1. 甲股份有限公司发行普通股 200 万股,每股面值 1 元,每股发行价格 12 元,该公司与证券公司约定,按发行收入的 3% 支付手续费和佣金,发行价款已全部存入银行,不考虑其他因素,下列各项中,该公司发行股票的会计科目处理正确的有(   )。

    A. 借记"财务费用"科目 72 万元

    B. 贷记"股本"科目 200 万元

    C. 贷记"资本公积——股本溢价"科目 2 128 万元

    D. 借记"银行存款"科目 2 400 万元

2. 发行股票相关的手续费、佣金等交易费用,如果是无溢价发行股票或溢价金额不足以抵扣的,不足抵扣的部分可以冲减(   )。

    A. 实收资本   B. 盈余公积   C. 未分配利润   D. 财务费用

3. 公司发行股票支付的手续费、佣金等发行费用,有可能做出的会计处理有(   )。

    A. 冲减未分配利润   B. 计入财务费用

    C. 冲减盈余公积   D. 从溢价中抵消

4. A 有限公司收到 B 企业以机器设备出资,该设备的原价为 100 万,已提折旧 60 万,投资合同约定该设备价值为 50 万,增值税税率为 13%(由投资方开具增值税专用发票),占注册资本 40 万,则下列关于 A 公司会计处理的表述中,正确的有(   )。

    A. A 公司固定资产的入账价值为 40 万元

    B. A 公司固定资产的入账价值为 50 万元

    C. A 公司应当确认的资本公积为 16.5 万元

    D. A 公司应当确认的资本公积为 6.5 万元

5. 企业增加资本的方式有(   )。

    A. 资本公积转增   B. 盈余公积转增   C. 新投资者投入   D. 发放现金股利

6. 某公司由甲、乙投资者分别出资 100 万元设立,为扩大经营规模,该公司的注册资本由 200 万元增加到 250 万元,丙企业以现金出资 100 万元享有公司 20% 的注册资本。不考虑其他因素,该公司接受丙企业出资相关科目的会计处理结果正确的有(   )。

    A. 贷记"实收资本"科目 100 万元   B. 借记"银行存款"科目 100 万元

    C. 贷记"资本公积"科目 50 万元   D. 贷记"盈余公积"科目 100 万元

7. 甲股份有限公司以收购本企业股票方式减资,在进行会计处理时,可能涉及的会计科目有(   )。

    A. "股本"   B. "其他综合收益"

    C. "财务费用"   D. "盈余公积"

8. 企业减少实收资本应按法定程序报经批准,一般发生在企业(   )而需要减资的情况下。

    A. 资本过剩   B. 发生重大亏损   C. 投资者要求   D. 盈利

9. 某上市公司 2021 年 12 月 31 日的股本为 1 000 万元（股数 1 000 万股，每股面值 1 元），资本公积（股本溢价）为 20 万元，回购本公司股票 100 万股并注销，每股回购价为 0.8 元。下列各项中，该公司回购并注销股票的会计科目处理正确的有（　　　　）。

A. 注销股票时，贷记"资本公积——股本溢价"科目 20 万元

B. 回购股票时，借记"股本"科目 100 万元

C. 注销股票时，贷记"库存股"科目 80 万元

D. 回购股票时，借记"库存股"科目 80 万元

10. 某公司经股东大会批准，按照每股 4 元的价格回购并注销本公司普通股股票 1 000 万股，每股股票面值为 1 元。注销前，该公司资本公积（股本溢价）为 2 000 万元，盈余公积为 3 000 万元。不考虑其他因素，则下列关于该公司注销已回购股票相关会计处理的表述中，正确的有（　　　　）。

A. 借记"盈余公积"科目 2 000 万元　　　　B. 借记"资本公积"科目 1 000 万元

C. 借记"股本"科目 1 000 万元　　　　　　D. 贷记"库存股"科目 4 000 万元

11. 下列各项中，属于资本公积来源的有（　　　　）。

A. 资本溢价或股本溢价　　　　　　　　　B. 其他资本公积

C. 从企业实现的净利润中提取　　　　　　D. 盈余公积转入

12. 下列各项中，企业应通过"资本公积"科目核算的有（　　　　）。

A. 投资者实际出资额超出其在企业注册资本的所占份额

B. 盈余公积转增资本

C. 回购股票确认库存股科目的账面价值

D. 股份有限公司溢价发行股票扣除交易费用后的股本溢价

13. 下列关于公司资本公积的表述中，正确的有（　　　　）。

A. 资本公积可以用于转增资本

B. 溢价发行股票发生的相关交易费用冲减资本公积

C. 资本公积可以用于弥补上年度发生的亏损

D. 资本公积可以体现不同所有者的占有比例

14. 下列各项中，导致企业年末可供分配利润总额发生增减变动的有（　　　　）。

A. 本年发生净亏损　　　　　　　　　　　B. 支付上年宣告发放的现金股利

C. 用盈余公积转增资本　　　　　　　　　D. 本年实现净利润

15. 企业提取的盈余公积经批准可以用于（　　　　）。

A. 弥补亏损　　　　B. 职工福利　　　　C. 转增资本　　　　D. 发放现金股利

16. 某公司年初"利润分配——未分配利润"科目贷方余额为 700 000 元，本年实现净利润 5 000 000 元。本年提取盈余公积 500 000 元，宣告分配现金股利 2 000 000 元。不考虑其他因素，该公司当年结转本年利润及其分配的会计处理正确的有（　　　　）。

A. 结转"利润分配"科目所属明细科目余额时：

借：利润分配——未分配利润　　　　　　　　　　　　　　　　2 500 000

　　贷：利润分配——提取法定盈余公积　　　　　　　　　　　　　500 000

　　　　　　　　　　——应付现金股利　　　　　　　　　　　2 000 000

B. 结转本年实现的净利润时：

　　借：利润分配——未分配利润　　　　　　　　　　　　　5 000 000

　　　　贷：本年利润　　　　　　　　　　　　　　　　　　　　　5 000 000

C. 结转本年实现的净利润时：

　　借：本年利润　　　　　　　　　　　　　　　　　　　　5 000 000

　　　　贷：利润分配——未分配利润　　　　　　　　　　　　　5 000 000

D. 结转"利润分配"科目所属明细科目余额时：

　　借：利润分配——提取法定盈余公积　　　　　　　　　500 000

　　　　　　　　——应付现金股利　　　　　　　　　　　2 000 000

　　　　贷：利润分配——未分配利润　　　　　　　　　　　　　2 500 000

17. 下列各项中,年度终了需要转入"利润分配——未分配利润"科目的有(　　　　)。

A. "本年利润"　　　　　　　　　　　B. "利润分配——应付现金股利"

C. "利润分配——盈余公积补亏"　　　D. "利润分配——提取法定盈余公积"

18. 下列各项中,属于企业留存收益的有(　　　　)。

A. 其他综合收益　　　　　　　　　　B. 法定盈余公积

C. 任意盈余公积　　　　　　　　　　D. 未分配利润

19. 下列各项中,属于企业留存收益的有(　　　　)。

A. 发行股票的溢价收入

B. 按规定从净利润中提取的法定盈余公积

C. 累计未分配利润

D. 按股东大会决议从净利润中提取的任意盈余公积

20. 下列各项中,会引起年末未分配利润数额变化的有(　　　　)。

A. 企业减资　　　　　　　　　　　　B. 用资本公积转增资本

C. 本年利润转入　　　　　　　　　　D. 提取盈余公积

21. 下列各项中,不会引起留存收益总额发生增减变动的有(　　　　)。

A. 提取任意盈余公积　　　　　　　　B. 盈余公积弥补亏损

C. 用盈余公积分配现金股利　　　　　D. 用未分配利润分配股票股利

22. 下列各项中,导致企业留存收益变动的有(　　　　)。

A. 盈余公积转增资本　　　　　　　　B. 用盈余公积发放现金股利

C. 资本公积转增资本　　　　　　　　D. 接受投资者设备投资

23. 企业发生亏损时,下列各项中属于弥补亏损渠道的有(　　　　)。

A. 用以后 5 年税前利润弥补　　　　　B. 用 5 年后的税后利润弥补

C. 以盈余公积弥补亏损　　　　　　　D. 以资本公积弥补亏损

24. 下列各项中,不会引起企业所有者权益总额发生增减变动的有(　　　　)。

A. 用可供分配利润发放现金股利　　　B. 用资本公积转增资本

C. 用盈余公积转增股本　　　　　　　D. 用盈余公积弥补亏损

25. 下列各项中,会直接导致所有者权益总额减少的有(　　　　)。

A. 宣告分派现金股利　　　　　　　　B. 交易性金融资产公允价值下降

C. 企业发生亏损　　　　　　　　　　D. 投资者撤资

26. 下列各项中,会引起负债和所有者权益同时发生变动的有(　　　　)。

A. 以盈余公积弥补亏损　　　　　　　B. 以现金回购本公司股票

C. 宣告发放现金股利　　　　　　　　D. 转销确实无法支付的应付账款

三、判断题

1. 在溢价发行股票的情况下,企业发行股票取得的收入,应全部作为股本处理。(　　)

2. 发行股票相关的手续费、佣金等交易费用,应当计入当期财务费用。(　　)

3. 公司按面值发行股票时,发生的相关交易费用冲减"资本公积——其他资本公积"科目。

(　　)

4. 企业接受投资者作价投入的材料物资,按投资合同或协议约定的投资者在企业注册资本或股本中所占份额的部分作为实收资本或股本入账。(　　)

5. 有限责任公司以资本公积转增资本,应当按照原出资者各自出资比例相应增加各出资者的出资金额。(　　)

6. 企业回购并注销股票支付的价款高于股票面值时,其差额应记入"财务费用"科目。

(　　)

7. 所有者权益来源于所有者投入的资本和留存收益,不应该包括利得和损失。(　　)

8. 年度终了,企业应将"本年利润"科目的本年累计余额转入"利润分配——未分配利润"科目。(　　)

9. 企业以盈余公积向投资者分配利润,不会引起留存收益总额的变动。(　　)

10. 在计算提取法定盈余公积的基数时,不应包括企业年初未分配利润。(　　)

11. 企业应以年初未分配利润和当年度实现的利润总额为基数计算提取法定盈余公积。

(　　)

12. 某企业年初有未弥补亏损 20 万元,当年实现净利润 10 万元。按有关规定,该年不得提取法定盈余公积。(　　)

13. 未分配利润是指企业实现的净利润经过弥补亏损、提取盈余公积和向投资者分配利润后留存在企业的历年结存的利润。(　　)

14. 平时资产负债表中的未分配利润的金额是由"本年利润"及"利润分配"科目的余额合计填入;年末,由于"本年利润"已转入"利润分配",所以资产负债表的未分配利润的金额只有"利润分配"科目的余额。(　　)

15. 可供分配的利润等于当年实现的利润加上年初未分配利润(或减去年初未弥补亏损)。

(　　)

16. 支付已宣告的现金股利时所有者权益减少。(　　)

四、业务处理题

1. 甲股份有限公司委托某证券公司代理发行普通股 1 000 万股,每股面值为 1 元,每股发行价格为 4 元。假定根据约定,甲公司按发行收入的 1% 向证券公司支付发行费用。假设发行收入已全部收到,发行费用已全部支付,不考虑其他因素。

要求：根据上述资料,编制甲公司有关的会计分录。

2. 乙公司原由投资者 A 和投资者 B 共同出资成立,每人出资 200 000 元,各占 50%的股份。经营两年后,投资者 A 和投资者 B 决定增加公司资本,此时有一新的投资者 C 要加入乙公司。经有关部门批准后,乙公司实施增资,将实收资本增加到 900 000 元。经三方协商,一致同意,完成下述投入后,三方投资者各拥有乙公司 300 000 元实收资本,并各占乙公司 1/3 的股份。各投资者的出资情况如下：

(1) 投资者 A 以一台设备投入乙公司作为增资,该设备原价为 180 000 元,已提折旧 95 000 元,评估确认原价为 80 000 元,评估确认净值 126 000 元。

(2) 投资者 B 以一批原材料投入乙公司作为增资,该批材料账面价值为 105 000 元,评估确认价值为 110 000 元,税务部门认定应交增值税税额为 14 300 元。投资者 B 已开具增值税专用发票。

(3) 投资者 C 以银行存款投入乙公司 390 000 元。

要求：根据上述资料,分别编制乙公司接受投资者 A、投资者 B 增资时以及投资者 C 出资时的会计分录。

3. 丙公司 2022 年年初未分配利润为 250 000 元,本年实现净利润为 1 500 000 元。本年提取法定盈余公积金 150 000 元,支付现金股利 400 000 元。因扩大经营规模的需要,经批准,丙公司决定将资本公积 100 000 元和盈余公积 200 000 元转增资本。

要求：

(1) 根据上述资料,编制丙公司有关的会计分录。

(2) 计算丙公司 2022 年年末"利润分配——未分配利润"科目的期末余额。

4. 丁公司 2022 年 12 月 31 日的股份数为 8 000 000 股,面值为 1 元,资本公积(股本溢价)为 2 000 000 元,盈余公积为 3 000 000 元,未分配利润为 6 000 000 元。经股东大会批准,丁公司以现金回购本公司股票 1 000 000 股并注销。假定不考虑其他因素。

要求：

(1) 如果丁公司按每股 3 元回购股票,编制相关的会计分录。

(2) 如果丁公司按每股 5 元回购股票,编制相关的会计分录。

(3) 如果丁公司按每股 0.5 元回购股票,编制相关的会计分录。

5. 巨人股份有限公司 2020 年"未分配利润"年初贷方余额为 100 万元,按 10%提取法定盈余公积金,适用的所得税税率为 25%,2020 年至 2022 年的有关资料如下：

(1) 2020 年实现净利 200 万元,提取法定盈余公积后,宣告派发现金股利 150 万元。

(2) 2021 年发生亏损 500 万元(假设无以前年度未弥补亏损)。

(3) 2022 年实现利润总额 600 万元。

要求：

(1) 编制 2020 年有关利润分配的会计分录(盈余公积及利润分配的核算写明明细科目)。

(2) 编制 2021 年结转亏损的会计分录。

(3) 计算 2022 年应交的所得税税额。

(4) 计算 2022 年的可供分配利润的金额。

五、案例分析题

按照《中华人民共和国公司法》第一百六十六条,"公司分配当年税后利润时,应当提取利润的百分之十列入公司法定公积金。公司法定公积金累计额为公司注册资本的百分之五十以上的,可以不再提取。公司的法定公积金不足以弥补以前年度亏损的,在依照前款规定提取法定公积金之前,应当先用当年利润弥补亏损。"

思考分析:公司法中"公司的法定公积金不足以弥补以前年度亏损的,在依照前款规定提取法定公积金之前,应当先用当年利润弥补亏损",会计上是否要求有未弥补亏损就必须做盈余公积补亏的账务处理?

一、单项选择题

1. 根据《企业会计准则》的规定,中期财务会计报告不包括(   )。

A. 月报　　　　　　B. 季报　　　　　　C. 半年报　　　　　　D. 年报

2. 下列各项中,应包含在资产负债表中货币资金项目中的是(   )。

A. 银行本票存款　　　　　　　　　B. 银行承兑汇票

C. 商业承兑汇票　　　　　　　　　D. 交易性金融资产

3. 按现行会计准则规定,下列各项中,属于流动资产的是(   )。

A. 在建工程　　　　　　　　　　　B. 长期待摊费用

C. 交易性金融资产　　　　　　　　D. 开发支出

4. 下列资产负债表项目中,可直接根据有关总账余额填列的是(   )。

A. 货币资金　　　　　　　　　　　B. 交易性金融资产

C. 存货　　　　　　　　　　　　　D. 应收账款

5. 下列项目中,在资产负债表中只需要根据某一个总分类账户就能填列的项目是(   )。

A. 长期借款　　　B. 短期借款　　　C. 预付款项　　　D. 预收款项

6. 下列资产负债表项目中,不是根据科目余额减去其备抵项目后的净额填列的项目是(   )。

A. 递延所得税资产　　　　　　　　B. 在建工程

C. 无形资产　　　　　　　　　　　D. 长期股权投资

7. "应收账款"所属明细科目若有贷方余额,应反映在资产负债表(   )项目中。

A. 应收账款　　　B. 应付账款　　　C. 预收账款　　　D. 预付账款

8. 某企业"应收账款"科目月末借方余额为 20 000 元,其中:"应收甲公司账款"明细科目借方余额为 35 000 元,"应收乙公司账款"明细科目贷方余额为 15 000 元;"预收账款"科目月末贷方余额为 15 000 元,其中:"预收 A 工厂账款"明细科目贷方余额为 25 000 元,"预收 B 工厂账款"明细科目借方余额为 10 000 元。那么该企业月末资产负债表中"应收账款"项目的金额为(   )元。

A. 40 000　　　B. 25 000　　　C. 15 000　　　D. 45 000

9. A 公司"原材料"科目借方余额为 200 万元,"周转材料"科目借方余额为 100 万元,"材料采购"科目借方余额为 150 万元,"工程物资"科目借方余额为 100 万元,"材料成本差异"科目贷方余额为 40 万元,"存货跌价准备"科目贷方余额为 10 万元。A 公司期末资产负债表中

“存货”项目应填列的金额为（　　）万元。

    A. 400　　　　　　　　B. 450　　　　　　　　C. 500　　　　　　　　D. 350

  10. 某企业 12 月 31 日固定资产账户余额为 2 000 万元,累计折旧账户余额为 800 万元。固定资产减值准备账户余额为 100 万元,在建工程账户余额为 200 万元。该企业 12 月 31 日资产负债表中固定资产项目的金额为（　　）万元。

    A. 1 200　　　　　　　B. 90　　　　　　　　C. 1 100　　　　　　　D. 2 200

  11. 某企业 12 月 31 日“无形资产”账户余额为 500 万元,“累计摊销”账户余额为 200 万元,“无形资产减值准备”账户余额为 100 万元。该企业 12 月 31 日资产负债表中“无形资产”项目的金额为（　　）万元。

    A. 500　　　　　　　　B. 300　　　　　　　　C. 400　　　　　　　　D. 200

  12. 某企业“应付账款”科目月末贷方余额为 40 000 元,其中:“应付甲公司账款”明细科目贷方余额为 50 000 元,“应付乙公司账款”明细科目借方余额为 10 000 元;“预付账款”明细科目月末借方余额为 60 000 元,其中:“预付 A 工厂账款”明细科目借方余额为 80 000 元,“预付 B 工厂账款”明细科目贷方余额为 20 000 元。该企业月末资产负债表中“应付账款”项目的金额为（　　）元。

    A. 40 000　　　　　　B. 50 000　　　　　　C. 60 000　　　　　　D. 70 000

  13. 资产负债表中的“未分配利润”项目,应根据（　　）填列。

    A.“利润分配”科目余额

    B.“本年利润”科目余额

    C.“本年利润”和“利润分配”科目的余额计算后

    D.“盈余公积”科目余额

  14. 下列报表,（　　）能够反映企业某一特定时点的财务状况,表明企业运用所有资产的获利能力。

    A. 资产负债表　　　　　　　　　　　B. 利润表

    C. 现金流量表　　　　　　　　　　　D. 所有者权益变动表

  15. 某企业 2022 年“主营业务收入”科目贷方发生额为 2 000 万元,借方发生额为退货 50 万元,发生现金折扣 50 万元,“其他业务收入”科目贷方发生额为 100 万元,“其他业务成本”借方发生额为 80 万元,那么企业利润表中“营业收入”项目填列的金额为（　　）万元。

    A. 2 000　　　　　　　B. 2 050　　　　　　　C. 2 100　　　　　　　D. 2 070

  16. 根据现行会计准则的规定,下列交易或事项中,不影响股份有限公司利润表中营业利润金额的是（　　）。

    A. 计提存货跌价准备　　　　　　　　B. 出售原材料并结转成本

    C. 按产品数量支付专利技术转让费　　D. 捐赠支出

  17. 某企业 2022 年发生的营业收入为 1 000 万元,营业成本为 600 万元,销售费用为 20 万元,管理费用为 50 万元,财务费用为 10 万元,投资收益为 40 万元,资产减值损失为 70 万元（损失）,公允价值变动损益为 80 万元（收益）,营业外收入为 25 万元,营业外支出为 15 万元。该企业 2022 年的营业利润为（　　）万元。

    A. 370　　　　　　　　B. 330　　　　　　　　C. 320　　　　　　　　D. 390

18. 在下列事项中,不影响企业现金流量的是(   )。

A. 取得短期借款   B. 支付现金股利   C. 偿还长期借款   D. 摊销无形资产

19. 甲企业 5 月 10 日购买 A 股票作为交易性金融资产,支付的全部价款为 50 万元,其中包括已宣告尚未领取的现金股利 1 万元。5 月 20 日收到现金股利,6 月 2 日将 A 股票售出,出售价款为 52 万元。如果该企业没有其他有关投资的业务,应记入现金流量表中"收回投资收到的现金"项目的金额为(   )万元。

A. 49   B. 50   C. 51   D. 52

20. 企业编制现金流量表将净利润调节为经营活动现金流量时,在净利润基础上调整减少现金流量的项目是(   )。

A. 存货的减少   B. 无形资产摊销

C. 递延所得税资产增加   D. 经营性应付项目的增加

21. "支付的在建工程人员的工资"属于(   )产生的现金流量。

A. 筹资活动   B. 经营活动   C. 汇率变动   D. 投资活动

22. 下列项目中,引起现金流量净额变动的是(   )。

A. 将现金存入银行   B. 用银行存款购买 1 个月到期的债券

C. 用固定资产抵偿债务   D. 用银行存款清偿 20 万元的债务

23. 甲公司 2022 年度发生的管理费用为 2 200 万元,其中:以现金支付退休职工统筹退休金 350 万元和管理人员工资 950 万元,存货盘亏损失 25 万元,计提固定资产折旧 420 万元,无形资产摊销 200 万元,计提坏账准备 150 万元,其余均以现金支付。假定不考虑其他因素,甲公司 2022 年度现金流量表中"支付的其他与经营活动有关的现金"项目的金额为(   )万元。

A. 105   B. 455   C. 475   D. 675

24. 某企业出售一台不需用设备,收到价款 300 000 元已存入银行,该设备原价为 400 000 元,已提折旧 150 000 元。以现金支付该项设备的清理费用 2 000 元和运输费用 800 元。该项业务使企业投资活动产生的现金流量净额增加(   )元。

A. 300 000   B. 297 200   C. 720 000   D. 47 200

25. 下列项目中,不应作为现金流量表补充资料"将净利润调节为经营活动现金流量"的调节项目加回的是(   )。

A. 编报当期计提的存货跌价准备

B. 编报当期支付给银行办理结算的手续费

C. 编报当期摊销的无形资产

D. 编报当期发生的存货减少

26. 下列各项中,反映企业净利润及其分配情况的财务报表是(   )。

A. 现金流量表   B. 所有者权益变动表

C. 资产负债表   D. 利润表

27. 下列各项中,不在所有者权益变动表列示的项目是(   )。

A. 利润分配   B. 所有者投入和减少资本

C. 每股收益   D. 综合收益总额

28. 2022 年 1 月初,某企业所有者权益总额为 1 120 万元,当年该企业实现综合收益总额为 300 万元,用盈余公积转增资本 200 万元,向所有者分配现金股利 15 万元。不考虑其他因素,该企业 2022 年度所有者权益变动表中所有者权益合计"本年年末余额"的列报金额为（ ）万元。

A. 1 250　　　　B. 1 420　　　　C. 1 220　　　　D. 1 405

29. 下列关于财务报表附注的表述中,不正确的是（ ）。

A. 附注中包括财务报表重要项目的说明

B. 对未能在财务报表中列示的项目在附注中说明

C. 如果没有需要披露的重大事项,企业不必编制附注

D. 附注中包括会计政策和会计估计变更以及差错更正的说明

二、多项选择题

1. 按现行会计准则规定,一套完整的财务报表应当包括（ ）。

A. 资产负债表　　　　　　　　B. 利润表

C. 现金流量表　　　　　　　　D. 所有者权益变动表

2. 下列各项中,属于非流动资产的有（ ）。

A. 在建工程　　　　　　　　　B. 其他应收款

C. 交易性金融资产　　　　　　D. 开发支出

3. 根据现行会计准则的规定,下列项目中,可根据有关总账余额直接填列的有（ ）。

A. 应付账款　　　　　　　　　B. 短期借款

C. 存货　　　　　　　　　　　D. 应付职工薪酬

4. 下列资产负债表各项目中,属于流动负债项目的有（ ）。

A. 应付职工薪酬　　　　　　　B. 一年内到期的长期负债

C. 应付债券　　　　　　　　　D. 应交税费

5. 资产负债表中的"一年内到期的非流动负债"项目应当根据下列科目贷方余额分析填列（ ）。

A. "长期借款"　　B. "长期应付款"　　C. "应付账款"　　D. "应付债券"

6. 下列资产负债表项目中,需根据明细科目分析填列的有（ ）。

A. 应收账款　　B. 预收账款　　C. 应付账款　　D. 预付账款

7. 下列项目中,会影响企业利润表中"营业利润"的填列金额的有（ ）。

A. 对外投资取得的投资收益　　B. 出租无形资产取得的租金收入

C. 计提固定资产减值准备　　　D. 所得税费用

8. 下列项目中,能同时引起资产和利润减少的业务有（ ）。

A. 计提发行长期债券的利息　　B. 计提固定资产折旧

C. 实际缴纳消费税　　　　　　D. 计提坏账准备

9. 下列各项中,属于筹资活动产生的现金流量的有（ ）。

A. 支付的现金股利　　　　　　B. 取得短期借款

C. 增发股票收到的现金　　　　D. 偿还公司债券支付的现金

10. 下列各项中,属于我国现金流量表中"现金"的有(   )。

A. 银行存款   B. 银行汇票存款

C. 库存现金   D. 现金等价物

11. 下列各项中,属于现金流量表中投资活动产生的现金流量的有(   )。

A. 购建固定资产支付的现金   B. 转让无形资产所有权收到的现金

C. 购买三个月内到期的国库券支付的现金   D. 收到分派的现金股利

12. 某企业发生的下列交易或事项中,会引起投资活动产生的现金流量发生变化的有(   )。

A. 向投资者派发现金股利 60 万元

B. 转让一项专利权,取得价款 200 万元

C. 购入一项专有技术用于日常经营,支付价款 10 万元

D. 采用权益法核算的长期股权投资,实现投资收益 500 万元

13. 下列交易或事项产生的现金流量中,属于投资活动产生的现金流量的有(   )。

A. 为购建固定资产支付的耕地占用税

B. 为购建固定资产支付的已资本化的利息费用

C. 因火灾造成固定资产损失而收到的保险赔款

D. 最后一次支付分期付款购入固定资产的价款

14. 下列项目中,影响现金流量表中的"购买商品、接受劳务支付的现金"项目有(   )。

A. 购买存货支付货款   B. 支付的增值税进项税额

C. 支付管理部门耗用的水电费   D. 偿还应付账款

15. 下列各项中,在企业所有者权益变动表中单独列示反映的信息有(   )。

A. 所有者投入资本   B. 会计差错更正的累积影响金额

C. 向所有者分配利润   D. 会计政策变更的累积影响金额

16. 下列各项中,属于所有者权益变动表项目的有(   )。

A. 综合收益总额   B. 净利润

C. 盈余公积   D. 所得税费用

17. 下列各项中,应在所有者权益变动表中列示的有(   )。

A. 盈余公积转增资本   B. 所有者投入资本

C. 其他综合收益   D. 提取的盈余公积

18. 下列各项中,属于所有者权益变动表"本年增减变动金额"项目的有(   )。

A. 盈余公积转增资本   B. 提取盈余公积

C. 盈余公积弥补亏损   D. 资本公积转增资本

19. 下列关于"四表"相关项目之间相互参照关系的表述中,正确的有(   )。

A. 资产负债表"盈余公积""未分配利润"与利润表"净利润"存在相互参照关系

B. 资产负债表"其他综合收益"与利润表"其他综合收益"存在相互参照关系

C. 所有者权益变动表项目与资产负债表所有者权益项目及利润表"净利润"存在相互参照关系

D. 现金流量表各项目与资产负债表各项目及利润表各项目存在相互参照关系

20. 下列各项中,应在企业财务报表附注中披露的内容有( )。

A. 财务报表的编制基础

B. 会计政策和会计估计变更以及差错更正的说明

C. 重要会计政策和会计估计

D. 遵循企业会计准则的声明

三、判断题

1. 资产负债表中的"长期待摊费用"项目应根据"长期待摊费用"科目的期末余额直接填列。

( )

2. 如果"在建工程减值准备"科目本期发生额为零时,资产负债表的"在建工程"项目的金额等于在建工程的账面余额。 ( )

3. 财务报表中的资产项目和负债项目的金额、收入项目和费用项目的金额不得相互抵消。

( )

4. 资产负债表中"长期借款"项目,应根据"长期借款"的总账余额直接填列。 ( )

5. 在资产负债表中,"其他应收款"项目根据"其他应收款"科目总账余额直接填列。

( )

6. 企业在编制现金流量表时,对企业为职工支付的住房公积金、为职工缴纳的商业保险金、社会保障基金等,应按照职工的工作性质和服务对象分别在经营活动和投资活动产生的现金流量有关项目中反映。 ( )

7. 企业支付的所得税、印花税、房产税、土地增值税、耕地占用税等,应作为经营活动产生的现金流量,列入"支付的各项税费"项目。 ( )

8. 在所有者权益变动表中,净利润和直接计入所有者权益的利得和损失均单列项目反映,体现了企业综合收益的构成。 ( )

9. 所有者权益变动表中"综合收益总额"项目,反映净利润和其他综合收益扣除所得税影响后的净额相加后的合计金额。 ( )

10. 所有者权益变动表"未分配利润"栏目的本年年末余额应当与本年资产负债表"未分配利润"项目的年末余额相等。 ( )

11. 企业采用的重要会计政策和会计估计属于财务报表附注披露的内容。 ( )

12. 财务报表附注是对在资产负债表、利润表、现金流量表和所有者权益变动表等报表中列示项目的文字描述或明细资料,以及对未能在这些报表中列示项目的说明等。 ( )

13. 企业在计量和处理时采用的不恰当的会计政策,可以通过在附注中披露等其他形式予以更正。 ( )

14. 财务报告信息披露基本要求,又称财务报告信息披露的基本质量,主要有真实、准确、完整、及时和公平五个方面。 ( )

四、业务处理题

甲企业和乙企业均为增值税一般纳税工业企业,其有关资料如下:

甲企业销售的产品、材料均为应纳增值税货物,增值税税率13%,产品、材料销售价格中均不含增值税;甲企业材料和产品均按实际成本法核算,其销售成本随着销售同时结转;乙企业为甲企业的联营企业,甲企业对乙企业的投资占乙企业有表决权资本的25%,甲企业对乙企业的投资按权益法核算。甲企业2022年1月1日有关科目余额如表14-1所示。

表 14 - 1

科 目 余 额 表

编制单位:甲企业   2022 年 1 月 1 日   单位:元

科 目 名 称	借方余额	科 目 名 称	贷方余额
库存现金	500	短期借款	300 000
银行存款	400 000	应付票据	40 000
应收票据	30 000	应付账款	180 000
应收账款	200 000	应付职工薪酬	5 000
坏账准备	−1 000	应交税费	12 000
		应付股利	10 000
其他应收款	200	长期借款	1 260 000
原材料	350 000	实收资本	2 000 000
周转材料	30 000	盈余公积	120 000
库存商品	80 000	利润分配(未分配利润)	7 700
长期股权投资—乙企业	600 000		
固定资产	2 800 000		
累计折旧	−560 000		
无形资产	5 000		
合 计	3 934 700	合 计	3 934 700

甲企业2022年度发生如下经济业务:

(1) 购入原材料一批,增值税专用发票上注明的增值税税额为39 000元,原材料实际成本为300 000元。材料已经到达,并验收入库。企业用银行存款支付100 000元,余款开出商业承兑汇票。

(2) 销售给乙企业一批产品,销售价格为40 000元,产品成本为32 000元。产品已经发出,开出增值税专用发票,款项尚未收到(除增值税以外,不考虑其他税费)。

(3) 对外销售一批原材料,销售价格为26 000元,材料实际成本为18 000元。销售材料已经发出,开出增值税专用发票。款项已经收到,并存入银行(除增值税以外,不考虑其他税费)。

（4）出售一台不需用设备给乙企业，设备账面原价为 150 000 元，已提折旧为 24 000 元，出售价格为 180 000 元。出售设备价款已经收到，并存入银行。假设出售该项设备不需缴纳增值税等有关税费。乙公司购入该项设备用于管理部门，本年度提取该项设备的折旧 18 000 元。

（5）按应收账款年末余额的 5‰计提坏账准备。

（6）用银行存款偿还到期应付票据 10 000 元，缴纳所得税 2 300 元，支付应付股利 10 000 元。

（7）乙企业本年实现净利润 320 000 元，甲企业按投资比例确认其投资收益。

（8）用银行存款支付工资 5 000 元（全部为生产经营人员工资）。

（9）提取销售人员工资 3 000 元。

（10）计提银行借款利息 5 000 元（全部计入财务费用）。

（11）支付借款利息 5 000 元。

（12）缴纳增值税 10 000 元（计入已交税金）。

（13）提取城市维护建设税 2 000 元。

（14）摊销无形资产价值 1 000 元，计提管理用固定资产折旧 8 766 元。

（15）本年度所得税费用和应交所得税为 42 900 元。

（16）根据上述业务编制 2022 年度利润表。

（17）结转损益（包括所得税费用）。

（18）结转本年利润。

（19）按照实现净利润的 10%计提盈余公积。

（20）宣告分配现金利润 30 000 元（尚未支付）。

（21）编制所有者权益变动表（上年金额略）。

（22）结转利润分配（提取的盈余公积和宣告分配的利润）。

（23）编制资产负债表。

（24）编制现金流量表。

要求：编制上述甲企业的 2022 年度有关经济业务会计分录（各损益类科目结转本年利润以及与利润分配有关的会计分录除外。除"应交税费"科目外，其余科目可不写明细科目），并按要求编制会计报表。

五、案例分析题

1. 票据贴现收到的款项应计入"销售商品提供劳务收到的现金"，支付的贴现息计入"分配股利、利润或偿付利息所支付的现金"，可以这样理解吗？

2. 某企业频繁向集团借钱作为营运资金，利息结算按照同期银行贷款利率，请问这样的资金往来属于筹资活动还是经营活动？

3. A 公司向供应商采购生产设备，设备价款 5 000 万元，合同约定设备验收合格后支付 90%价款，剩余 10%价款作为质量保证金，在设备验收合格后满 3 年时支付。A 公司将该质量保证金列报于其他应付款。根据《财务报表列报》准则的规定，企业正常营业周期中的经营性负债项目即使在资产负债表日后超过一年才予清偿的，仍应当划分为流动负债。这个"正常营业周期"如何确定？A 公司的列报是否正确？

教学资源服务指南

高等教育出版社

感谢您使用本书。为方便教学，我社为教师提供资源下载、样书申请等服务，如贵校已选用本书，您只要关注微信公众号"高职财经教学研究"，或加入下列教师交流QQ群即可免费获得相关服务。

最新目录
样书申请
资源下载
试卷下载
云书展

师资培训　教学服务　教材样章

"高职财经教学研究"公众号

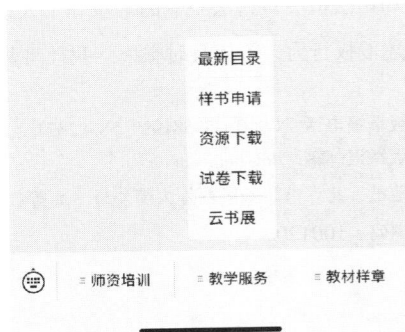

资源下载： 点击"**教学服务**"—"**资源下载**"，或直接在浏览器中输入网址（http://101.35.126.6/），注册登录后可搜索相应的资源并下载。（建议用电脑浏览器操作）
样书申请： 点击"**教学服务**"—"**样书申请**"，填写相关信息即可申请样书。
试卷下载： 点击"**教学服务**"—"**试卷下载**"，填写相关信息即可下载试卷。
样章下载： 点击"**教材样章**"，即可下载在供教材的前言、目录和样章。
师资培训： 点击"**师资培训**"，获取最新会议信息、直播回放和往期师资培训视频。

联系方式

会计QQ3群：473802328　　会计QQ2群：370279388　　会计QQ1群：554729666
（以上3个会计QQ群，加入任何一个即可获取教学服务，请勿重复加入）
联系电话：（021）56961310　　电子邮箱：3076198581@qq.com

在线试题库及组卷系统

我们研发有10余门课程试题库："基础会计""财务会计""成本计算与管理""财务管理""管理会计""税务会计""税法""审计基础与实务"等，平均每个题库近3000题，知识点全覆盖，题型丰富，可自动组卷与批改。如贵校选用了高教社沪版相关课程教材，我们可免费提供给教师每个题库生成的各6套试卷及答案（Word格式难中易三档，索取方式见上述"试卷下载"），教师也可与我们联系咨询更多试题库详情。